AF451397

MAGNÉTISME

ET

ÉLECTROMAGNÉTISME

ENCYCLOPÉDIE
ÉLECTROTECHNIQUE

PAR

UN COMITÉ D'INGÉNIEURS SPÉCIALISTES

F. LOPPÉ, Ingénieur des Arts et Manufactures

SECRÉTAIRE

MAGNÉTISME

ET

ÉLECTROMAGNÉTISME

(PREMIÈRE PARTIE)

PAR **Eug. VIGNERON**, Ingénieur-Conseil

ANCIEN PROFESSEUR ET ANCIEN SOUS-DIRECTEUR DE L'ÉCOLE SUPÉRIEURE D'ÉLECTRICITÉ

ANCIEN INGÉNIEUR AUX COMPAGNIES DES OMNIBUS ET THOMSON-HOUSTON

PARIS

LIBRAIRIE DES SCIENCES ET DE L'INDUSTRIE

L. GEISLER, Imprimeur-Éditeur

1, Rue de Médicis, 1

1909

MAGNÉTISME

ET

ÉLECTROMAGNÉTISME

(PREMIÈRE PARTIE)

CHAPITRE PREMIER

Magnétisme. — Notions préliminaires. Phénomènes généraux.

Pierre d'aimant. — Aimant artificiel. — On trouve en grande abondance, dans certains lieux de notre globe, un curieux minerai de fer dont la formule chimique est Fe^3O^4 jouissant de la propriété d'attirer la limaille de fer. Le minerai naturel est toutefois, relativement à cette propriété, peu homogène, si on le roule dans de la limaille, celle-ci s'agglomère en tas, en certains points de préférence et y rester fixée sous forme de houppes.

Si l'on frotte cette pierre d'aimant, c'est le nom qu'on lui donne, sur l'acier, celui-ci acquiert à son tour la propriété d'attirer le fer ; cependant le minerai dont on s'est servi n'a pas perdu ses propriétés dans l'opération qu'il a subie.

La pierre d'aimant s'appelle aussi *aimant naturel* par opposition avec les aimants d'acier qu'on nomme *aimants artificiels*. Ceux-ci, à cause de leur forme plus régulière, sont seuls utilisés. Le plus ordinairement la forme choisie est celle d'un barreau allongé, parallélépipédique ou cylindrique.

L'oxyde de fer Fe^3O^4 portait chez les Grecs le nom de μαγνης, d'où on a fait le nom de magnétisme sous lequel l'ensemble des phénomènes est désigné.

Extrémités polaires des aimants. — Les aimants attirent le fer, l'idée qui vient naturellement à la pensée est de se rendre compte de l'allure de la limaille de fer lorsqu'on lui présente un aimant. Pour réaliser pratiquement cette idée, on place sur un carton au-dessus d'un aimant de la limaille de fer, puis, avec le dos de l'ongle, on donne à la lame de légères secousses, les poussières de fer bondissent sous le choc, et, pendant le court instant où elles sont libres dans l'espace, elles sont orientées sous l'action de l'aimant, de sorte qu'elles retombent en formant des tracés remarquables, à l'ensemble desquels on a donné le nom de *spectre magnétique* (fig. 1).

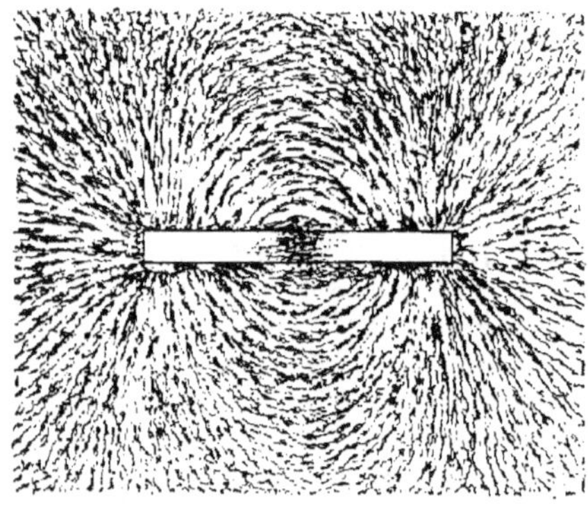

Fig. 1.

Cette expérience, si simple à exécuter, est absolument capitale, les tracés du spectre nous démontrent d'abord que l'attraction magnétique se transmet sans altération apparente à travers les corps, ensuite qu'il existe autour de l'aimant un champ de force, enfin qu'aux extrémités du barreau les actions ont plus énergiques, semblant indiquer qu'en ces points la propriété d'attirer le fer est plus intense qu'en tous autres points. Si, d'ailleurs, on plonge un barreau dans la limaille, celle-ci s'attache sous forme de

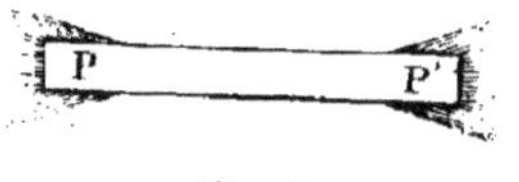

Fig. 2.

houppes particulièrement aux extrémités auxquelles on a donné le nom de pôles de l'aimant (fig. 2).

Les deux extrémités polaires ne sont pas de même nature. — Prenons un aimant et suspendons le librement. Ce dispositif peut être pratiquement réalisé, soit en donnant à l'aimant la forme d'une légère aiguille découpée en losange suspendue par un fil (fig. 3) ou placée sur un pivot vertical (fig. 4), soit en donnant à l'aimant la forme d'un barreau placé sur un bouchon en liège flottant sur l'eau (fig. 5). Dans l'un ou l'autre cas, nous verrons l'aimant s'orienter

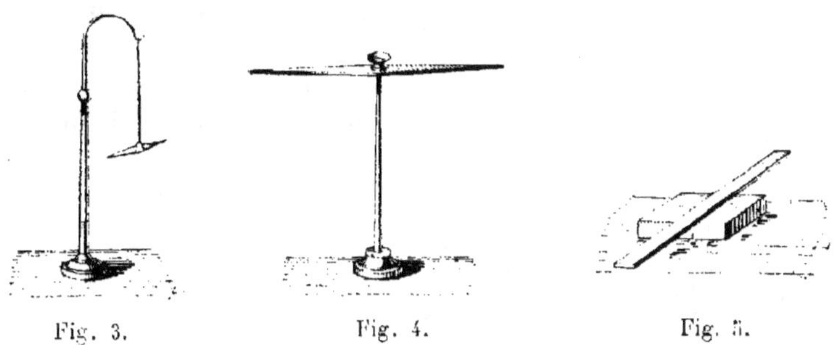

Fig. 3.   Fig. 4.   Fig. 5.

de *lui-même* et tourner une de ses extrémités, *toujours la même*, dans une direction invariable coïncidant sensiblement avec la direction nord. Si l'on déplace cet aimant, il reprendra toujours la même orientation, de sorte qu'on doit conclure qu'il existe une action terrestre d'orientation sur les aimants, et, de plus, que la direction d'équilibre des aimants sous cette action est *unique à une époque déterminée pour un même lieu*. On appelle *pôle nord* d'un aimant l'extrémité toujours la même qui, en liberté, se tourne vers le Nord; on appelle *pôle sud* d'un aimant l'extrémité toujours la même qui, en liberté, se tourne vers le Sud. Cette propriété de l'aiguille aimantée de donner la direction des pôles a été utilisée par la navigation maritime, les appareils, réalisations de cette propriété, s'appellent des boussoles, elles étaient connues des Chinois dès l'an 121 de l'ère chrétienne. Pour reconnaître immédiatement les pôles d'un aimant, on pourra peindre, comme on fait en pays anglais, de rouge la moitié nord du barreau et de bleu la moitié sud de cet aimant.

Action mutuelle des aimants. — Prenons une aiguille aimantée mobile reposant par une chape d'agate sur un pivot d'acier vertical. Cette aiguille s'oriente d'elle-même sensiblement dans la direction nord-sud; mais si nous approchons de l'une de ses extrémités une autre aiguille semblable à la première, nous pouvons observer, sui-

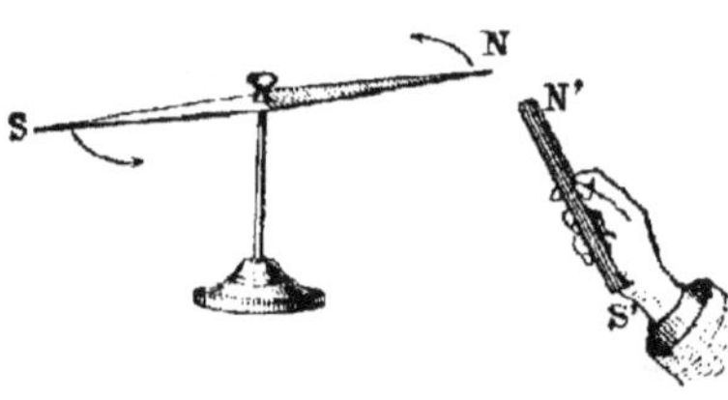

Fig. 6.

vant les cas, une attraction ou une répulsion. Si les deux régions en regard sont de même nature (nord et nord ou bien sud et sud), l'action sera répulsive ; on aura une attraction, si les régions présentées des aimants sont de noms différents (nord avec sud ou sud avec nord) (fig. 6).

On peut ainsi énoncer les deux lois suivantes, analogues à celles qu'on a établies en électrostatique :

1° *Deux pôles de même nom se repoussent ;*
2° *Deux pôles de nom différent s'attirent.*

Rupture d'un barreau aimanté. — Si l'on aimante une longue aiguille d'acier, puis qu'on la brise, on reconnaîtra que chaque partie constitue un aimant complet absolument normal ; si, ensuite sur chaque partie, on continue les brisures aussi longtemps que les moyens

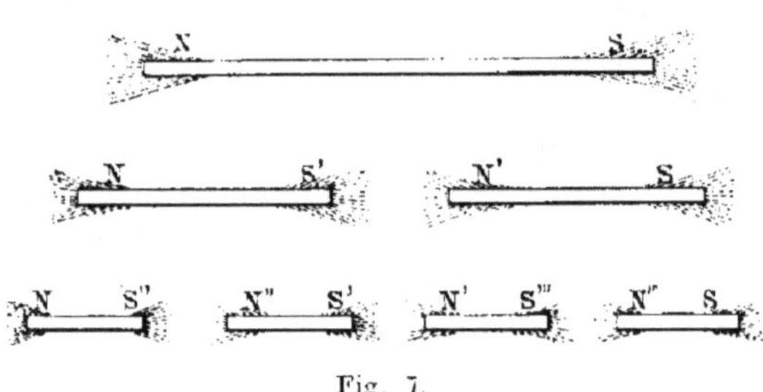

Fig. 7.

mécaniques le permettent, on reconnaîtra en chacun des morceaux, un aimant complet absolument normal.

Lorsqu'on brise un aimant, les anciens pôles ne changent pas, mais, au point de brisure, apparaissent des pôles de nom opposé, chacun formant avec un ancien pôle sur chaque barreau résultant de la rupture un aimant normalement constitué (fig. 7).

Il résulte de là qu'il est impossible d'obtenir un pôle nord ou un pôle sud *indépendant*, c'est-à-dire non lié à un pôle de nom différent. Il résulte également de cette expérience que le magnétisme est un phénomène dont la cause réside dans les derniers éléments constitutifs de la matière, dans la molécule même, c'est un phénomène particulaire. L'aimant qui se révèle à nos sens sous une forme quelconque n'est donc que l'aimant résultant de tous les aimants moléculaires qui le composent. Cette opinion est d'autant plus légitime que si, après avoir brisé un aimant, on juxtapose les parties cassées, on constate, par l'expérience du spectre que nous avons décrite plus haut, que l'aimant reconstitué présente tous les caractères extérieurs d'un véritable aimant.

Lois des attractions magnétiques. — L'étude quantitative des actions magnétiques est des plus complexes du simple fait qu'on ne peut étudier isolément l'effet réciproque de deux pôles. Coulomb a cependant cherché à faire cette étude dans des conditions les plus simples possible. Il prenait deux fils d'acier aimanté dont la longueur était très grande par rapport au diamètre; dans ces conditions, la région active se trouvait limitée à une très faible étendue à chaque extrémité, de sorte qu'on pouvait assigner d'abord aux pôles étudiés des situations déterminées dans l'espace, et, de plus, la longueur des aimants étant très grande, on pouvait faire en sorte que l'action se réduisît sensiblement à celle des extrémités voisines des deux aimants en négligeant celle des deux autres. Coulomb a pu ainsi établir, par des expériences plus ou moins probantes, que *les forces magnétiques qui s'exercent entre deux pôles étaient en raison inverse du carré des distances des pôles en présence.*

Cette loi a été établie rigoureusement par Gauss, comme nous le verrons prochainement (page 50).

Coulomb a attribué l'action de deux aimants à des masses dites magnétiques qu'il a localisées aux pôles mêmes. Par *définition*, il disait qu'un pôle possédait une masse n fois plus grande que celle d'un autre pôle, lorsque l'action du premier pôle sur un pôle invariable A, situé à une distance d de lui, était n fois plus grande que l'action du second pôle sur ce même A situé à la même distance d du second pôle. Dans ces conditions, l'action entre deux pôles de masse m_1 et m_2 situés à une distance r sera :

$$f = \frac{1}{\mu} \frac{m_1 m_2}{r^2},$$

μ étant un coefficient dépendant de la nature du milieu.

Les lois de Coulomb trouvent plutôt leurs justifications *a posteriori* du fait que leur application a permis de prévoir les phénomènes ou de les contrôler.

Ces masses m_1 et m_2 ont une existence absolument hypothétique, et, sans les faire intervenir, il est possible d'établir la théorie du magnétisme, ainsi que nous aurons occasion de le voir. Leur considération est commode en certains cas ; de plus, mathématiquement, elle conduit à des résultats concordants, il est donc naturel de l'utiliser.

Comme on relève expérimentalement des attractions et des répulsions, on arrive ainsi à attribuer aux masses des signes ; on considère donc des masses positives et des masses négatives. Une masse positive sera celle qui se trouve localisée sur un aimant à celle des extrémités qui se tourne naturellement vers le pôle nord, une masse négative sera celle qui se trouve localisée à l'autre extrémité.

La nature du coefficient μ nous est totalement inconnue, nous en ignorons, par conséquent, les dimensions. On peut convenir que *l'unité de masse magnétique sera celle qui, agissant dans l'air sur une masse égale placée à la distance d'un centimètre, la repousse avec une force égale à une dyne*. Avec ce choix d'unité fondamentale magnétique, μ deviendra égal à l'unité et les dimensions de la masse magnétique m seront données par la relation de dimensions :

$$[F] = [m]^2 [L]^{-2},$$

ou :

$$MLT^{-2} = [m]^2 [L]^{-2},$$

et

$$[m] = M^{\frac{1}{2}} L^{\frac{3}{2}} T^{-1}.$$

On a ainsi les dimensions de la quantité de magnétisme ou de pôle magnétique dans le système dit *électromagnétique*.

Densité magnétique. — Intensité d'aimantation. — Si, sur une surface, on suppose répandue une certaine quantité de magnétisme, le rapport de cette quantité à la surface s'appelle *densité magnétique*, il est désigné plus fréquemment, pour des raisons que nous apprendrons, sous le nom d'*intensité d'aimantation*. Les dimensions de cette grandeur sont évidemment :

$$M^{\frac{1}{2}} L^{-\frac{1}{2}} T^{-1}.$$

Champ magnétique. — La même loi élémentaire présidant

aux actions des masses magnétiques *entre elles* et des masses électriques *entre elles*, il est clair que des masses magnétiques, ayant même valeur que des masses électriques distribuées de la même manière dans l'espace, donneront le même champ ; c'est-à-dire que si, au point A de l'espace, la masse unité d'électricité éprouvait, dans le *champ électrique*, une action représentée par le vecteur U, la masse unité de magnétisme placée au même point A éprouverait, sous l'action du *champ magnétique*, une action représentée par le vecteur identique U. On aura donc des définitions calquées, pour l'intensité du champ $\mathcal{H}$ en un point donné, ainsi que pour le potentiel magnétique et pour le flux de force magnétique.

Les raisonnements de l'électrostatique se *reproduisent textuellement* :

Par exemple, on peut donner la définition suivante du potentiel en un point : « *Le potentiel magnétique en un point est le travail nécessaire pour mener, de l'infini (ou d'un point au potentiel zéro) au point considéré, une quantité de magnétisme égale à l'unité.* Les dimensions faciles à déterminer seront :

$$[V] = \left[\Sigma \frac{m}{r} \right] = M^{\frac{1}{2}} L^{\frac{1}{2}} T^{-1}.$$

Le *théorème de Gauss* est une conséquence immédiate de la loi élémentaire de Coulomb, il est indépendant des propriétés particulières qui peuvent différentier l'électricité et le magnétisme; il réglera donc aussi les phénomènes magnétiques, comme il a réglé les phénomènes électriques.

On déduira ainsi immédiatement l'énoncé suivant : *La force magnétique, ou intensité du champ en un point, est normale à la surface équipotentielle qui passe par ce point, elle est égale à* $-\dfrac{dV}{dn}$ dV *représentant la chute de potentiel sur une longueur* dn *comptée sur la normale à la surface équipotentielle. La composante du champ suivant une direction quelconque* ox *a pour valeur* $-\dfrac{dV}{dx}$.

L'unité de champ a été appelée *Gauss*.

Les dimensions du champ $\mathcal{H}$ sont facilement obtenues en observant que symboliquement :

$$\left[\frac{dV}{dn}\right] = VL^{-1} = M^{\frac{1}{2}} L^{\frac{1}{2}} T^{-1}.$$

Les champs les plus intenses, *à ce jour atteints*, valent 30.000 gauss ; un tel champ développe sur l'unité de pôle une force de 30.000 dynes, soit 30 grammes très sensiblement.

Flux de force. — *Le flux de force magnétique* (ainsi que le flux d'induction magnétique que nous définirons avec précision plus loin) est le produit du champ par la section d'un certain plan normal aux lignes de force, ses dimensions sont donc :

$$[\Phi] = [\mathcal{H}]\,[S],$$

ou :
$$[\Phi] = M^{\frac{1}{2}} L^{\frac{3}{2}} T^{-1}.$$

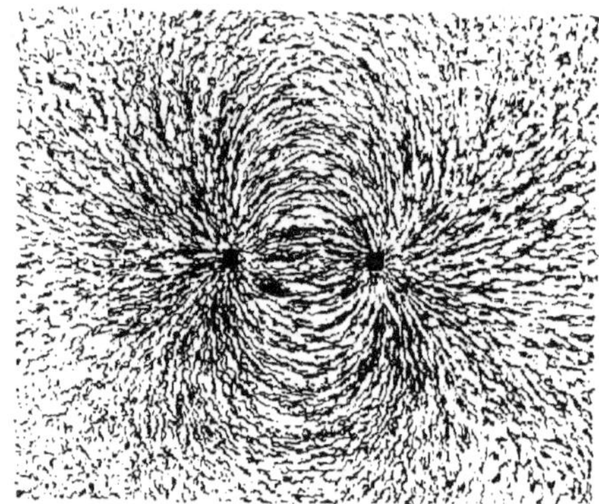

Fig. 8.

Le *flux unité* est celui qui, dans le *champ unité*, traverse la *surface unité* (cm²). On lui a donné le nom de *Maxwell*.

Ce flux est le même à travers toute section du même tube de force pourvu que ce tube ne contienne pas de magnétisme libre, c'est une conséquence du théorème de Gauss.

Le spectre magnétique obtenu, avec de la limaille, donne l'image réelle du champ déterminé par les pôles ; les tracés qu'on distingue nettement sont la représentation exacte des lignes de force de ce champ.

On peut constater que les lignes de force aboutissent à des plages chargées de magnétisme de signes contraires : *les figures* 8 *et* 9 représentent, la première : le champ donné par deux pôles égaux, mais de signe

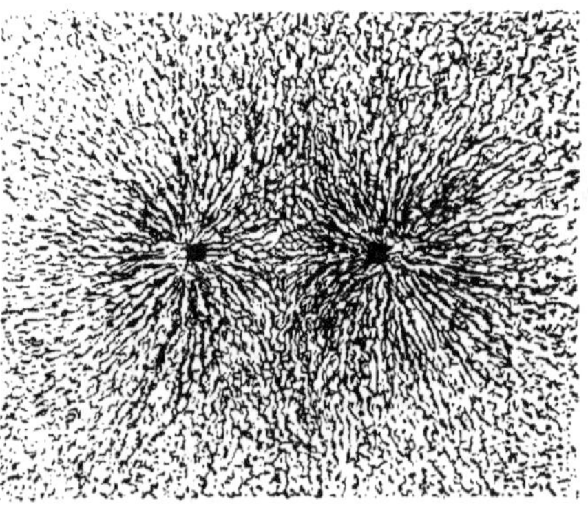

Fig. 9.

contraire; le deuxième, le champ donné par deux pôles égaux, mais de même signe.

Champ terrestre. — Son action se réduit à un couple. — Sur un barreau aimanté, on dispose une feuille de carton sur laquelle on sème des brins de limaille un peu longs, quoique assez ténus, pour pouvoir bondir lorsqu'on imprimera à la feuille de carton des chocs avec le dos de l'ongle; on reconnaît qu'après quelques secousses la position d'une de ces parcelles devient sensiblement fixe, de sorte que son orientation est, au point envisagé M, une caractéristique de l'action magnétique en ce point de l'aimant. Si, à la place de cette parcelle de limaille, on prend une petite aiguille aimantée suspendue par sa chape d'agate sur un pivot d'acier vertical, on constate que cette aiguille prend l'orientation de la parcelle de limaille à laquelle on l'a substituée. Cette direction est une tangente au point M à la ligne de force du spectre magnétique que le barreau aimanté détermine sur le carton.

Lorsqu'on supprime l'aimant et que, dans le voisinage, aucun autre aimant ne peut produire une action, on constate que la petite aiguille aimantée prend immédiatement une orientation déterminée en un point donné; il existe donc dans l'espace un champ magnétique. Comme la direction des lignes de force semble être reliée invariablement aux dimensions terrestres, on attribue à la terre l'origine de ce champ appelé, pour cette raison, *champ terrestre*. Les lignes de force en un lieu sont dirigées sensiblement vers le pôle, de sorte qu'en un volume fini à la surface de la terre, tel le volume d'une salle même très grande, les lignes de force sont pratiquement parallèles et rectilignes et, par conséquent, dans ce volume les surfaces équipotentielles sont des plans parallèles entre eux.

Si l'on place un barreau sur un large bouchon de liège et qu'on laisse celui-ci flotter sur l'eau (fig. 5), on reconnaît que le barreau prend l'orientation du champ au point où il se trouve, mais on ne peut constater *aucune translation*, tout le mouvement se réduit à *une rotation* du bouchon; il en résulte que l'action de la terre sur un aimant se réduit à un *couple seul*.

Une masse magnétique m soumise à un champ magnétique d'intensité $\mathcal{H}$ subira, en vertu des théories sur l'attraction examinée en électrostatique, une action égale à $m\mathcal{H}$ dans la direction du champ, si m est positif ; dans la direction opposée, si m est négatif. Puisque, sur un aimant, l'action uniforme de la Terre donne lieu à un couple, c'est que la masse positive d'un des pôles de l'aimant est égale en valeur absolue à la masse négative de l'autre pôle. Autrement dit : *la masse magnétique totale d'un aimant quelconque est nulle.*

Axe magnétique et moment magnétique d'un aimant. — Un aimant placé dans un champ, prend une orientation dépendant des directions des lignes de force de la région où cet aimant est placé. Supposons cet aimant suspendu par son centre de gravité, l'action de la pesanteur sera annulée ; on constatera que cet aimant peut occuper dans cette hypothèse une infinité de positions d'équilibre, *mais que toutes ces positions peuvent être obtenues par une rotation autour d'une ligne fixe, tangente elle-même à une ligne de force du champ.* Cet axe de rotation est appelé axe magnétique de l'aimant, il ne coïncide pas nécessairement avec l'axe géométrique de l'aimant, nous prendrons pour sens de cet axe celui qui va du pôle sud au pôle nord.

Si un aimant est placé dans un champ d'intensité uniforme égale à l'unité de façon que son axe soit normal aux lignes de force du champ, il est soumis à un couple dont le moment $\mathfrak{M}$ est appelé *moment de l'aimant.*

Si l'aimant a la forme d'un parallélépipède très allongé (ou d'un cylindre très allongé), on aura évidemment, en appelant m la masse concentrée au pôle positif, $(-m)$ la masse concentrée au pôle négatif, $2\,a$ la distance des pôles (ou, avec un aimant suffisammant filiforme, la hauteur du parallélépipède) :

$$\mathfrak{M} = 2.a.m.$$

Quand un barreau est placé dans un champ, la position d'équilibre est celle pour laquelle l'axe magnétique du barreau coïncide avec la direction du champ. Si l'axe magnétique et la direction du champ sont de même sens, l'équilibre est stable ; si ces deux directions sont de sens contraire, l'équilibre est instable ; on se rendra compte facilement de ces faits.

Si l'on place l'aimant dans un champ, celui-ci, en général, pourra, eu égard à la petitesse de l'aimant, être supposé uniforme dans la région de l'espace où est situé l'aimant. Dans ces conditions, soit α l'angle de la direction du champ et de l'axe magnétique de l'aimant (fig. 10), on aura pour moment de l'action du champ sur l'aimant :

$$2.a.m\mathcal{H}\sin\alpha = \mathfrak{M}.\mathcal{H}.\sin\alpha.$$

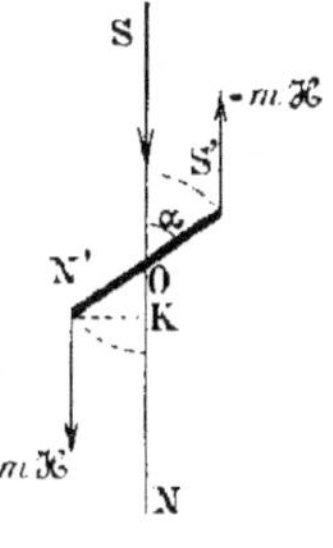

Fig. 10.

Si un barreau aimanté est suspendu par son centre de gravité dans un champ uniforme, le barreau sera indépendant des actions de gravité et *seulement* soumis aux actions magnétiques; si K est le moment d'inertie par rapport à l'axe de suspension, c le couple maximum magnétique (dans le cas où l'axe de rotation du barreau est séparément perpendiculaire sur le champ et sur l'axe magnétique; on aura $c = \mathcal{H}.\mathfrak{M}$); la durée d'oscillation double du barreau sous l'action du couple sera donnée par la formule du pendule composé établie en mécanique :

$$t = 2\pi\sqrt{\frac{\mathrm{K}}{c}}.$$

Nous reviendrons plus loin sur cette formule et son application.

Système d'aimants invariablement liés. — Leurs moments. — On démontre en mécanique statique que, si les actions sur un système de corps invariablement liés sont constituées seulement par des couples, l'action résultante de toutes ces actions élémentaires est un couple ; si l'on a affaire à un système d'aimants invariablement liés et placés dans un champ uniforme, comme l'action magnétique sur chaque aimant est un couple, il en résulte que l'action résultante *magnétique* est un couple unique et déterminé. Ainsi, le système se comporte comme un aimant unique possédant un axe et un moment absolument bien déterminés; cet aimant fictif s'appelle *aimant résultant*.

On comprend déjà que les effets du magnétisme ne se manifestant que sous la forme mécanique du couple, *la notion de masse magnétique n'est pas nécessaire à la théorie*. L'élément qui jouera, en effet, le rôle véritable sera le moment de l'aimant placé dans le champ ou le couple qui en résultera.

Si l'action résultante d'un système d'aimants obtenue en composant les couples suivant les règles de la statique est un couple nul, *le système sera toujours en équilibre indifférent dans le champ*, on dira alors que le système est *astatique*.

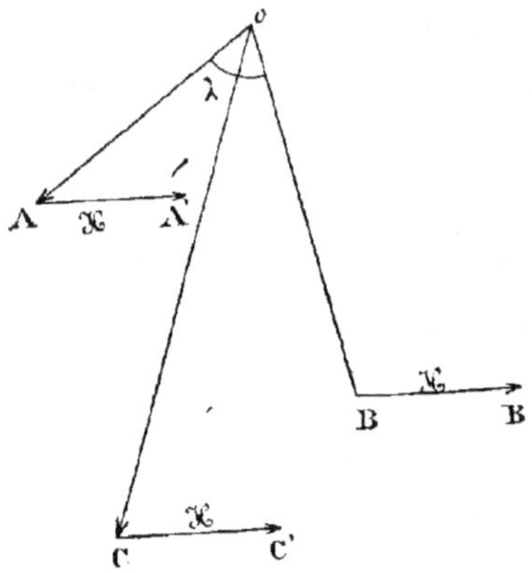

Si, en particulier, on a deux aimants OA et OB de moments : $\mathfrak{M} = OA$, $\mathfrak{M}' = OB$, dont les axes font un angle λ (fig. 11) ; si, de plus, $\mathfrak{M}'' = OC$ est le moment de l'aimant fictif résultant, nous allons démontrer que $\mathfrak{M}''$ est la résultante géométrique de $\mathfrak{M}$ et de $\mathfrak{M}'$. En effet, soit :

$$\mathfrak{H} = AA' = BB' = CC'$$

Fig. 11.

le champ uniforme ; le moment mécanique de l'aimant résultant est la somme des moments des aimants composants, et, en vertu de ce qui a été plus haut :

$$\mathfrak{M}.\mathfrak{H}.\sin(OA, AA') + \mathfrak{M}'\mathfrak{H}\sin(OB, BB') = \mathfrak{M}''\mathfrak{H}\sin(OC, CC')$$

d'où :

$$\mathfrak{M}.\sin(OA, AA') + \mathfrak{M}'.\sin(OB.BB') = \mathfrak{M}''.\sin(OC.CC'),$$

quelle que soit *la direction du champ* $\mathfrak{H}$; donc OC est la diagonale du parallélogramme construit sur OA et OB. On a donc :

$$\frac{OA}{\sin(OC, OB)} = \frac{OB}{\sin(OC.OA)} = \frac{OC}{\sin(OA, OB)}.$$

En posant $\sin(OC, OA) = \sin x$, on aura :

$$\frac{\mathfrak{M}}{\sin(\lambda - x)} = \frac{\mathfrak{M}'}{\sin x} = \frac{\mathfrak{M}''}{\sin \lambda}.$$

d'où on peut déduire facilement :

$$\operatorname{tg} x = \frac{\mathfrak{M}'\sin\lambda}{\mathfrak{M} + \mathfrak{M}'\cos\lambda}.$$

avec :

$$\mathfrak{M}''^2 = \mathfrak{M}^2 + \mathfrak{M}'^2 + 2\mathfrak{M}.\mathfrak{M}'.\cos\lambda.$$

Ces deux relations résolvent le problème particulier traité ; un cas intéressant est celui où :.

$$\lambda = \pi - \varepsilon, \quad \text{avec} \quad \mathcal{M}' = \mathcal{M} + \eta,$$

(ε et η étant deux quantités infiniment petites), ce cas est celui où les deux aimants *presque* égaux sont *presque* en opposition, dans ces hypothèses, on a :

$$\begin{cases} \operatorname{tg} x = \dfrac{\mathcal{M}' \sin\lambda}{\mathcal{M} - \mathcal{M}'} = \mathcal{M}' \dfrac{\varepsilon}{\eta}, \\[2mm] \overline{\mathcal{M}'}^2 = (\mathcal{M} - \mathcal{M}')^2 \quad \text{ou} \quad \mathcal{M}' = \eta. \end{cases}$$

Si η, au lieu d'être infiniment petit, était nul, ou, dans un langage plus physicien, si η était un infiniment petit d'ordre supérieur à l'ordre de ε, on voit que le système quasi astatique des deux barreaux tendrait à se placer perpendiculairement au champ ; l'équilibre absolument indifférent ne serait obtenu que si l'on avait à la fois $\varepsilon = 0$ avec $\eta = 0$.

Les dimensions d'un moment magnétiques sont faciles à déterminer :

$$[\mathcal{M}] = [\text{L}] \, [m]$$
$$= [\text{L}] \left[\text{M}^{\frac{1}{2}} \text{L}^{\frac{3}{2}} \text{T}^{-1} \right] = \text{M}^{\frac{1}{2}} \text{L}^{\frac{5}{2}} \text{T}^{-1}.$$

Intensité d'aimantation. — On appelle intensité d'aimantation d'un aimant et on désigne cette grandeur par $\mathcal{J}$ le quotient de son moment magnétique par son volume ; on aura ainsi, en supposant cet aimant prismatique et de longueur égale à $2\,a$, en appelant m et ($-m$) les couches magnétiques réparties sur ses bases, s sa section :

$$\mathcal{J} = \frac{\mathcal{M}}{v} = \frac{\mathcal{M}}{2a \times \text{S}} = \frac{m}{\text{S}}.$$

Ainsi, l'intensité d'aimantation est identique à une *densité* magnétique, ses dimensions sont donc :

$$\text{M}^{\frac{1}{2}} \text{L}^{\frac{1}{2}} \text{T}^{-1}.$$

Applications. — Un barreau aimanté de fer de 15 centimètres de longueur, de 4 centimètres carrés de section, dont le volume est, par conséquent, de 60 centimètres cubes, aura pour moment magnétique, en prenant pour valeur de l'intensité d'aimantation $\mathcal{J} = 1.250$:

$$\mathcal{M} = 1.250 \times 60 = 75.000 \text{ unités C. G. S.}$$

Aimantation par influence. — Si l'on place un barreau de fer dans un champ, ce barreau devient lui-même un aimant sous l'action du champ; le pôle sud est du côté où les lignes de force pénètrent dans l'aimant et le pôle nord est du côté où les lignes de force sortent de cet aimant. Cet aimant crée ainsi extérieurement un champ magnétique dont l'action vient *s'ajouter* à l'action du champ considéré. Les points voisins de l'extrémité du barreau deviennent donc le siège d'un flux plus grand que celui résultant du champ seul, puisque ce flux total est égal au flux dû à l'aimant que l'influence a créé, augmenté du flux extérieur influençant. Ce nouveau flux est, par unité de surface équipotentielle, d'autant plus considérable que le barreau a plus complètement subi l'influence du champ; aussi, ce flux par unité de surface est-il appelé *induction magnétique* $\mathcal{B}$ du barreau.

Le rapport :

$$\mu = \frac{\mathcal{B}}{\mathcal{H}},$$

est appelé coefficient de *perméabilité magnétique* du barreau; nous verrons plus loin avec précision et détails l'importance de ce coefficient, nous ne donnons ici que des aperçus généraux nécessaires. Toutefois, il est très utile de remarquer que nous n'avons pas parlé du *flux de force* dont l'*intérieur* du barreau serait le siège, on trouvera, au 4ᵉ fascicule de cette encyclopédie, les développements précis nécessaires sur ce point.

On s'explique maintenant que, dans l'expérience du spectre magnétique, chaque parcelle de limaille devenant un aimant se dirigera suivant une ligne de force comme le ferait un aimant mobile. On comprend également pourquoi un aimant attire un barreau de fer doux ; celui-ci s'aimantera dans le voisinage d'un aimant, de façon à présenter toujours à un pôle de l'aimant un pôle de nom contraire.

Les dimensions de $\mathcal{B}$ seront celles d'un champ, c'est-à-dire :

$$L^{-\frac{1}{2}} M^{\frac{1}{2}} T^{-1}$$

quant à μ, c'est, dans un système d'unités déterminé, un facteur numérique.

Coefficient d'aimentation. — Considérons un champ magnétique uniforme et un barreau de fer doux placé dans ce champ, ce barreau s'aimante par influence. Le moment magnétique du barreau de fer doux, devenu par influence un aimant, sera d'autant plus considérable que l'influence du champ sera plus complète. L'aimantation plus ou moins grande du barreau est définie par un coefficient appelé *coefficient d'aimantation* et désignée par la lettre grecque z. Ce coefficient répond à la définition :

$$z = \frac{\mathcal{H}}{\mathcal{J}}.$$

Comme $\mathcal{J}$ et $\mathcal{H}$ ont les mêmes dimensions, z est un nombre ; le coefficient d'aimantation n'est autre que l'intensité d'aimantation du barreau de fer doux dans un champ égal à l'unité.

Le coefficient d'aimantation s'appelle aussi *susceptibilité magnétique*.

Magnétisme rémanent. — Force coërcitive. — Hystérésis. — Si l'on a un échantillon de fer doux, c'est-à-dire un échantillon de fer pur chauffé au rouge, puis refroidi ensuite lentement, l'aimantation développée par influence est énergique, mais disparaît dès que l'action magnétisante cesse ; plus exactement, un barreau de fer, laissé immobile à la place où il a subi l'action d'un champ énergique, reste encore aimanté après la disparition du champ ; mais le moindre ébranlement fera disparaître cet état instable d'aimantation. Pour peu qu'un barreau de fer ait été travaillé ou qu'il soit impur, il conservera, après la suppression du champ, une certaine aimantation stable. On appelle *magnétisme rémanent* celui qui persiste après la disparition de l'influence.

Cette propriété, possédée par certaines variétés de fer, de conserver, après la disparition de l'influence, une partie du magnétisme que le champ avait développé, a été expliquée par une action entre molécules analogue au frottement ou à la viscosité ; autrefois, cette action avait le nom de *force coërcitive*, c'était un nom servant à étiqueter le phénomène, mais ne procurant par lui-même aucune connaissance nouvelle sur le fait.

L'acier trempé est le plus susceptible au phénomène de magnétisme rémanent, il conserve jusqu'à la moitié du magnétisme total développé par influence.

Si l'on soumet le métal magnétique à des champs influençants variables, on constatera que l'aimantation du barreau ne dépend pas seulement de la valeur du champ auquel il est soumis, mais que cette aimantation dépend encore des valeurs des champs dans lesquels le barreau a été noyé *antérieurement*. Il y a retard dans l'aimantation ou dans la désaimantation; le phénomène a reçu le nom d'*hystérésis*. Le résultat de ce retard (de cette viscosité magnétique) est de produire une consommation inutile d'énergie qui se trouve transformée en chaleur dans le barreau. On aura occasion de revenir longuement sur le sujet dans la suite.

Corps magnétiques. — Corps diamagnétiques.

— Le fer n'est pas le seul à s'aimanter sous l'action d'un champ, le nickel, le cobalt jouissent aussi de la même propriété, mais à un degré moindre. Avec des champs d'une intensité de plus en plus considérable, on a constaté que tous les corps, liquides, solides ou gazeux, subissaient les actions d'orientation des champs ; seulement la plupart, comme le fer, se comportent de façon que leur axe magnétique soit parallèle aux lignes de force, alors que certains autres, le bismuth principalement, prennent une aimantation de sens contraire aux lignes de force (fig. 12).

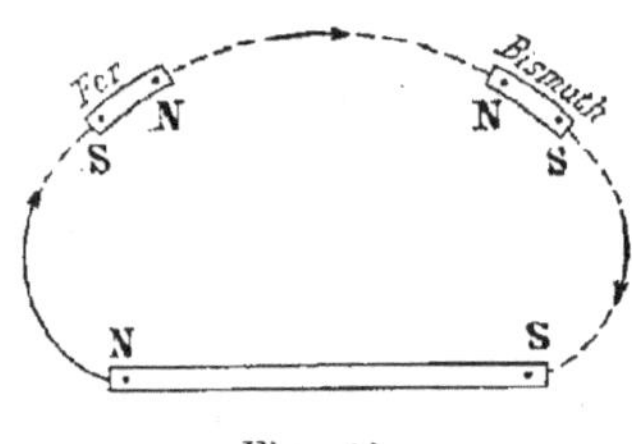

Fig. 12.

Les premiers, qui se comportent comme le fer, sont dits *corps magnétiques*, les seconds, qui se comportent comme le bismuth, sont dits *corps diamagnétiques*. On peut comparer ce phénomène à celui constaté lorsqu'un corps est plongé dans un liquide; les corps relativement à ce liquide se partagent en deux catégories: une première catégorie correspond à ceux qui prennent d'eux-mêmes un mouvement de bas en haut; une deuxième catégorie correspond aux corps plus lourds que le liquide, ceux-ci prennent d'eux-mêmes un mouvement de haut en bas. Nous reviendrons plus loin sur cette question.

Ecrans magnétiques.

— Nous avons vu qu'un corps magnétique, plongé dans un milieu (air ou vide) où règne un champ magnétique, s'aimante et que le flux aux abords de ce corps est plus intense que celui du champ influençant. Inversement, si un corps magnétique d'épaisseur suffisante par rapport aux dimensions de la cavité présente une cavité fermée (ou presque totalement fermée), et si ce corps magnétique est soumis à l'action du flux d'un champ extérieur, il servira d'*écran* au flux pour la cavité fermée; c'est ainsi qu'une aiguille aimantée placée dans la cavité presque totalement fermée sera absolument folle sur son pivot sans action directrice. Cette propriété, qu'on établira *théoriquement* au fascicule suivant, a été utilisée par Lord Kelvin; ce savant enfermait ses galvanomètres marins dans une cage de fer *doux* percée d'un trou pour le passage des rayons lumineux. L'effet du champ magnétique extérieur sur le galvanomètre, qui serait variable d'un instant à l'autre par suite des oscillations du bateau, est annulé par la cage enveloppante. Dans l'intérieur de cette cage, on crée un champ magnétique artificiel à l'aide d'aimants; ce champ est fixe par rapport à la cage. La masse de fer placée dans un champ semble ainsi détourner une grande partie du flux pour la région qu'elle occupe et pour le canaliser dans sa masse au point de ne laisser passer qu'une portion infinitésimale dans les cavités qui peuvent exister à son intérieur.

CHAPITRE II

Les aimants. Théorie du magnétisme proprement dit.

Généralité sur les phénomènes magnétiques. — Distribution magnétique. — Il pourrait sembler qu'une loi mécanique identique, la loi de Coulomb, régissant les phénomènes d'attraction aussi bien entre les éléments magnétiques qu'entre les charges électriques, la théorie des phénomènes magnétiques dût être la reproduction exacte de la théorie des phénomènes électriques. Cependant, il n'en est pas ainsi : si les résultats généraux de l'attraction s'appliquent aux deux catégories de phénomènes magnétiques et électriques, ces résultats ne peuvent être appliqués sans précautions, car ces deux groupes de phénomènes diffèrent par des points essentiels que nous allons mettre brièvement en lumière.

En électricité, une masse peut être considérée comme isolée *nettement* dans une région particulière de l'espace étudié ; à la vérité, chaque masse infinitésimale m a quelque part sa conjuguée $-m$, mais cette conjuguée n'est pas obligatoirement son infiniment voisine. En magnétisme, au contraire, le champ est dû à l'action des aimants, et un aimant n'est que le résultant, comme nous l'avons vu au chapitre précédent, de petits aimants particulaires, ce qui fait que la masse m a infiniment près d'elle sa conjuguée $(-m)$, et ainsi une surface géométrique fermée enveloppe toujours une *masse totale nulle* de magnétisme. Au moyen d'un courant électrique, on peut *charger* un corps d'électricité positive (ou négative), tandis qu'aucun procédé ne permet de localiser des quantités inégales de magnétisme positif et de magnétisme négatif sur un corps quelconque. La différentiation des phénomènes est également visible quand on cherche, en magnétisme, l'élément analogue au corps conducteur électrique ; dans le corps conducteur électrique, la masse électrique peut facilement se mouvoir, rien ne peut être nettement comparé en magnétisme. En somme, les phénomènes magnétiques et électriques sont soumis à la théorie générale de l'attaction **newto**-nienne, mais là s'arrête la parenté que nous *pouvons apercevoir encore* entre les phénomènes. Dans quelques chapitres, nous traiterons des relations du magnétisme et de l'électricité, nous verrons alors dans l'étude de l'électromagnétisme qu'un lien existe effectivement ; mais, actuellement, nous n'examinons encore que les propriétés *particulières*, de définition pour ainsi dire, du magnétisme, et naturellement cette étude exige une théorie spéciale.

L'étude du champ extérieur ne peut rien nous apprendre de la répartition intérieure des masses magnétiques dans les aimants, comme il est facile de s'en rendre compte. Si l'on examine le spectre magnétique, on constate qu'un aimant voit les lignes de force émerger d'une région positive de sa surface pour aboutir en une autre région négative de cette même surface ; rien de tel ne peut être constaté dans un corps conducteur électrisé en équilibre, car tous les points de ce corps étant au même potentiel, sa surface ne peut contenir à la fois les deux extrémités d'une même ligne de force ; ainsi, les lignes de force sont normales au corps conducteur électrique chargé, tandis que les lignes de force de l'aimant le rejoindront non normalement. Egalement, on ne retrouve pas, dans la théorie de l'aimantation, un théorème analogue à celui de Coulomb pour les conducteurs, car ce théorème est basé sur ce que le conducteur en équilibre est une surface équipotentielle, alors que, sur l'aimant, l'ensemble des deux plages recouvertes, chacune d'une même masse totale égale mais de signe contraire, ne constitue pas une surface de niveau.

Enfin, l'entretien de la polarisation magnétique ou aimantation n'exige aucune dépense d'énergie, l'aimantation correspond à un état d'équilibre, tandis que la polarisation électrique dans un *conducteur* ne peut, *tout au contraire*, persister que grâce à une fourniture continue d'énergie qui se retrouve sous forme de chaleur ; un conducteur électrique, en effet, ne saurait présenter de différence de potentiel entre ses points sans l'existence d'un courant électrique.

Potentiel et champ. — Un champ magnétique résultant de l'action des aimants, ceux-ci peuvent être considérés comme constitués par de petites particules contenant deux masses magnétiques égales et de signes contraires; cette conception est la consequence de l'expérience sur la rupture d'un aimant que nous avons déjà indiquée au début du magnétisme, elle est nullement en contradiction avec les expériences faites.

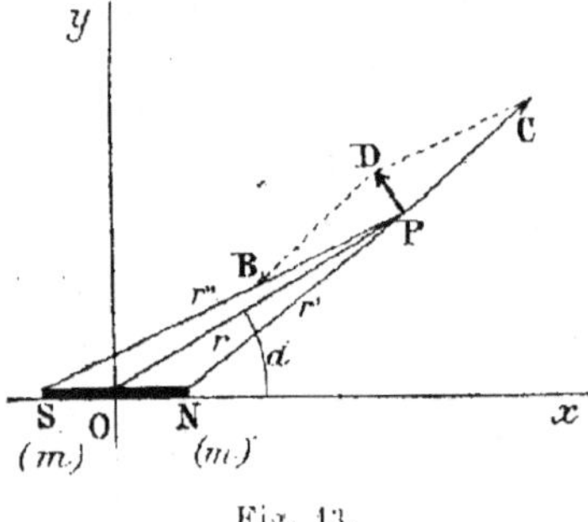

Fig. 13.

Il est ainsi naturel d'étudier le champ déterminé par un aimant infiniment petit. Prenons donc un petit aimant filiforme très court de longueur $2a$ (fig. 13) dont les masses sont, en N : $(+ m)$ et en S : $(- m)$. Le moment magnétique de ce petit aimant est $\mathfrak{M} = 2.a.m$. Nous choisirons, comme plan de coordonnées, le plan déterminé par l'élément N-S et le point P, dont on veut connaître le vecteur, champ dû à l'aimant N-S; nous prendrons le milieu O de l'aimant comme origine et la direction (S-N) comme axe des abscisses.

Si nous appelons r la distance OP, que nous pouvons toujours considérer comme grande par rapport à $2\,a$, α l'angle de cette droite OP avec l'axe Ox de l'élément, nous pourrons, dans l'expression du potentiel en P :

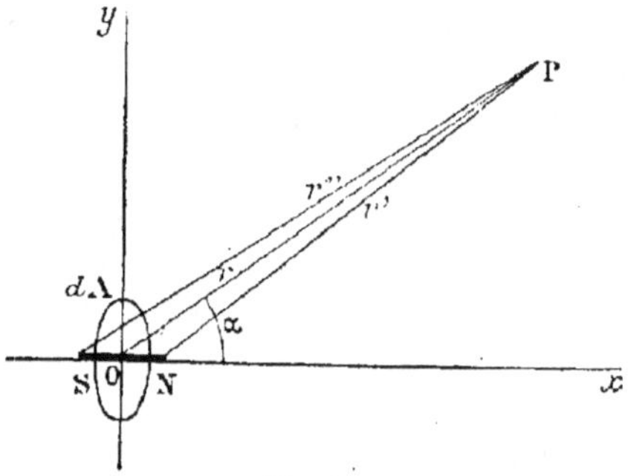

$$V = m \left(\frac{1}{r'} - \frac{1}{r''} \right) = m \frac{r'' - r'}{r''r'},$$

Fig. 14.

remplacer $r'' - r'$ par $2\,a\cos\alpha$, et le produit $r'r''$ par r^2, chacune des expressions ne différant de celle qu'elle remplace que par un infiniment petit, nous aurons ainsi :

$$V = \frac{2am.\cos\alpha}{r^2} = \frac{\mathfrak{M}\cos\alpha}{r^2}.$$

Traçons au point O, perpendiculairement à l'axe, une petite courbe plane, pouvant par exemple être un cercle (fig. 14), dont l'aire $d\Lambda$ soit précisément $\mathfrak{M}$, et appelons ω l'angle solide sous lequel on voit cette aire du point P, nous aurons, ainsi qu'il a été démontré au fascicule 1, page 22 :

$$\omega = \frac{(\text{Aire } dA)\cos\alpha}{r^2} = \frac{\mathfrak{N}.\cos\alpha}{r^2},$$

et, par conséquent :

$$V = \omega.$$

Ce résultat s'exprime ainsi : *Le potentiel en un point P d'un aimant infiniment petit est égal numériquement à l'angle solide sous lequel on voit, de ce point P, une surface égale au moment magnétique de l'aimant disposée perpendiculairement à l'axe de l'aimant et en son milieu.*

Supposons, par exemple, que ω soit le 0,002 de la sphère, le potentiel en P aura pour valeur $4\pi \times 0,002$ ou 0,02513 unité C. G. S. de potentiel, ce qui veut dire qu'il faudra dépenser, contre les forces magnétiques dues à l'aimant (NS), une énergie de 0,02513 erg pour amener, de l'infini au point P, la masse positive égale à l'unité en présence de l'aimant.

Il reste à définir le signe de cet angle solide, il sera du même signe que V ; or, V est du signe de $r'' - r'$, et ainsi, on conclut facilement, en examinant la figure 13, qu'on devra prendre ω positif quand, du point considéré, on verra la petite surface dA par la face située du côté de la masse positive. On devra prendre ω avec le signe négatif dans le cas contraire.

Pour déterminer le vecteur champ en position, nous remarquerons (fig. 13) qu'il est la résultante des actions que la masse m placée en N et la masse $(-m)$ placée en S déterminent séparément sur l'unité de masse positive placée en P. Or les projections des vecteurs PC et PB sont :

$$(PC)\begin{cases} \text{sur } Ox : & \dfrac{m}{\overline{PN}^2} \times \dfrac{x-a}{PN} = m\dfrac{x-a}{r'^3}, \\[2ex] \text{sur } Oy : & \dfrac{m}{\overline{PN}^2} \times \dfrac{y}{PN} = m\dfrac{y}{r'^3}; \end{cases}$$

$$(PB)\begin{cases} \text{sur } Ox : & -\dfrac{m}{PS^2} \times \dfrac{x+a}{PS} = -m\dfrac{x+a}{r''^3}, \\[2ex] \text{sur } Oy : & -\dfrac{m}{PS^2} \times \dfrac{y}{PS} = -m\dfrac{y}{r''^3}. \end{cases}$$

Les composants du champ PD sont donc :

$$\text{sur } Ox : \qquad m\left\{ \frac{x-a}{r'^3} - \frac{x+a}{r''^3} \right\} = X ;$$

$$\text{sur } Oy : \qquad my\left\{ \frac{1}{r''^3} - \frac{1}{r'^3} \right\} = Y.$$

Ces expressions se transforment successivement ainsi :

$$X = m\,\frac{x(r''^3 - r'^3) - a(r''^3 + r'^3)}{r'^3 r''^3}$$

$$X = m\,\frac{x(r'' - r')(r''^2 + r'r'' + r'^2) - a(r''^3 + r'^3)}{r'^3 r''^3}.$$

Or, r'' et r' différant infiniment peu de r, on aura :

$$X = m\,\frac{3x(r'' - r') - 2ar}{r^4}.$$

Par un calcul du même genre, on aurait :

$$Y = 3my\,\frac{r'' - r'}{r^4}.$$

On a vu que $r'' - r'$ pouvait être remplacé par $2a\cos\alpha$; on a
donc, en se rappelant que $2am = \mathfrak{M}$.

$$\left\{ \begin{array}{l} X = \mathfrak{M}\,\dfrac{3\,x\,\cos\alpha - r}{r^4} = \mathfrak{M}\,\dfrac{3\cos^2\alpha - 1}{r^3} \\[2mm] Y = \mathfrak{M}\,\dfrac{3y\cos\alpha}{r^4} = \mathfrak{M}\,\dfrac{3\cos\alpha.\sin\alpha}{r^3}. \end{array} \right.$$

La valeur $\mathcal{H}$ du champ est alors donnée par la suite de calculs
ci-dessous :

$$\mathcal{H}^2 = X^2 + Y^2 = \frac{\mathfrak{M}^2}{r^6}\left\{ 9\cos^4\alpha - 6\cos^2\alpha + 1 + 9\cos^2\alpha.\sin^2\alpha \right\},$$

$$= \frac{\mathfrak{M}^2}{r^6}\left\{ 9\cos^2\alpha(\cos^2\alpha + \sin^2\alpha) - 6\cos^2\alpha + 1 \right\},$$

$$= \frac{\mathfrak{M}^2}{r^6}\left\{ 3\cos^2\alpha + 1 \right\} = \frac{\mathfrak{M}^2}{r^6}\left\{ 4\cos^2\alpha + \sin^2\alpha \right\},$$

d'où :

$$\mathcal{H} = \frac{\mathfrak{M}}{r^3}\,\sqrt{4\cos^2\alpha + \sin^2\alpha}.$$

Si, *à une même distance* r *de* O, on prend le point P_1 sur Oy et le point P_2 sur $O.x$, on aura en appelant $\mathscr{K}_1$ et $\mathscr{K}_2$ les champs correspondants :

$$\text{en } P_1 : \qquad \alpha = \frac{\pi}{2}, \qquad \mathscr{K}_1 = \frac{\mathfrak{M}}{r^3}; \qquad \text{(Position 1)}$$

$$\text{en } P_2 : \qquad \alpha = 0, \qquad \mathscr{K}_2 = \frac{2\mathfrak{M}}{r^3}; \qquad \text{(Position 2)}$$

ou :

$$\mathscr{K}_2 = 2\mathscr{K}_1.$$

Si l'on cherche la composante du champ en P, sur la direction OP, on aura en appelant F_N cette composante par un calcul immédiat :

$$F_N = X\cos\alpha + Y\sin\alpha = \frac{2\mathfrak{M}}{r^3}\cos\alpha.$$

La composante du champ en P suivant la tangente sera :

$$F_T = Y\cos\alpha - X\sin\alpha = \frac{\mathfrak{M}}{r^3}\sin\alpha.$$

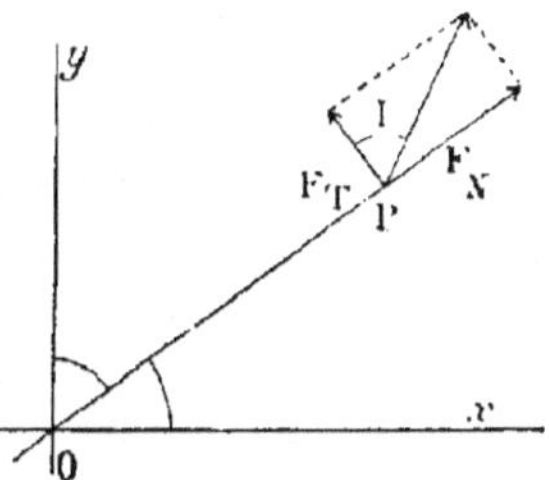

Fig. 15.

Enfin, l'inclinaison I de ce champ sur la normale en P au rayon vecteur sera donnée (fig. 15) par la solution :

$$\text{tg}\,I = \frac{F_N}{F_T} = 2\,\text{cotg}\,\alpha = 2\,\text{tg}\,\lambda,$$

en désignant par λ le complément de α (1).

Énergie relative d'un aimant dans un champ. — Le potentiel de l'aimant représente le travail dépensé contre les forces magnétiques pour amener la masse unité positive depuis l'infini jusqu'en la position qu'il occupe en présence de l'élément. Réciproquement, on peut dire que ce potentiel est le travail dépensé contre les forces magnétiques pour amener l'aimant (N — S) depuis l'infini jusqu'en la position qu'il occupe en présence du pôle unité fixé en P. Ce potentiel est, en somme, l'énergie du système formé par l'en-

---

(1) On peut, en remarquant que la position de P est fonction de α et de r, conclure que le potentiel de l'aimant (N S) en P est fonction de α et de r, il est alors facile de voir que :

$$-\frac{\partial V}{\partial r} = F_N \qquad \text{et} \qquad -\frac{\partial V}{\partial \alpha} = r.F_T.$$

Cette méthode de calcul est souvent indiquée dans les traités d'électricité.

semble de la masse unité positive et de l'aimant (N — S) dans leurs *positions relatives*; c'est l'*énergie relative* du pôle unité placé en P et de l'aimant infiniment petit (N — S).

Si, la masse fixée en P était égale à m, l'énergie relative du système serait $m\,\omega$. Or, en examinant l'expression de $m\,\omega = \mathfrak{M}\,\dfrac{m}{r^2}\cos\alpha$, on reconnaît que ce produit n'est pas autre chose que le flux qui, émané de la masse m fixée en P, traverse l'aire $d\mathrm{A}$ en pénétrant par la face positive. Si nous représentons par Φ le flux qui traverse une surface, en convenant de *prendre* pour signe de Φ le signe *positif, lorsque le flux entre par la face négative, et, au contraire*, le signe *négatif, quand il pénètre par la face positive;* nous devons ainsi écrire, par définition :

$$\Phi = -\,m.\omega,$$

Si, dans le champ, on a diverses masses $m_1, m_2, \ldots m_p$, on aura relativement à l'aimant infiniment petit (N — S) des valeurs correspondantes de ω : $\omega_1, \omega_2 \ldots \omega_p$, l'énergie relative de l'aimant en présence de ces masses sera :

$$m_1\omega_1 + m_2\omega_2 + \ldots m_p\omega_p = -\,(\Phi_1 + \ldots + \Phi_p) = -\,\Phi,$$

Φ étant le flux *total* qui traverse la surface $d\mathrm{A}$ en pénétrant par la face *négative*. L'expression $(-\Phi)$ est donc le potentiel de l'aimant (N — S) dans le champ déterminé par les masses $m_1, m_2, \ldots m_p$, réparties dans l'espace.

Supposons maintenant un aimant filiforme de longueur finie décomposé en aimants élémentaires de forme prismatique. Soit l la longueur de l'un d'eux, s la surface commune de ses bases, $u = s.l$ le volume, m et $(-m)$ les couches magnétiques réparties sur ses bases. La densité σ du magnétisme sur les bases est donc :

$$\sigma = \frac{m}{s}, \qquad \text{ou} \qquad m = s.\sigma.$$

On a donc :

$$ml = l.s.\sigma,$$

ou bien :

$$\mathfrak{M} = u.\sigma,$$

et, par conséquent :

$$\sigma = \frac{\mathfrak{M}}{u} = \mathfrak{I}.$$

Ainsi, la densité magnétique sur les bases d'un aimant est égale à l'intensité $\mathcal{I}$ d'aimantation du petit aimant que nous avons défini précédemment. Le moment total de l'aimant tout entier sera $\mathfrak{M}.n$, en appelant n le nombre des aimants élémentaires, de sorte que, en appelant $\mathcal{I}_1$ l'intensité d'aimantation de l'aimant total :

$$\mathcal{I}_1 = \frac{\mathfrak{M}.n}{n\,u} = \mathcal{I}.$$

Feuillet magnétique. — Potentiel d'un pôle par rapport à un feuillet. — On appelle feuillet magnétique un système dé deux surfaces infiniment rapprochées, recouvertes de couches magnétiques égales mais de signes contraires, et telles que le produit $\mathcal{I}.\varepsilon$ de l'intensité d'aimantation $\mathcal{I}$ par l'épaisseur ε du feuillet (ou distance des deux surfaces) ait, en chaque point, une valeur constante $\mathcal{P}$; cette valeur constante $\mathcal{P}$ est appelée *puissance magnétique* du feuillet (1). La surface recouverte de la couche positive est dite *face positive* du feuillet, celle recouverte de la couche négative est dite *face négative* du feuillet.

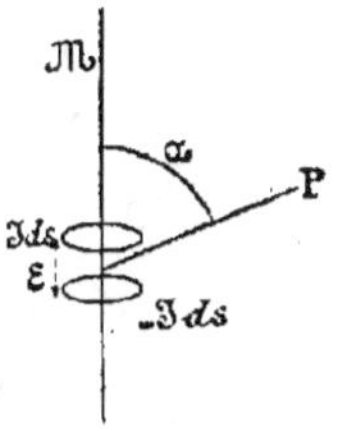

Décomposons le feuillet en éléments infiniment petits de surface ds (fig. 16). Le potentiel V en un point P, sous l'action du feuillet, est la somme des potentiels dus à chacun des éléments. Les couches magnétiques d'un élément sont $\mathcal{I}ds$ et $-\mathcal{I}ds$, le potentiel en P est donc :

$$dV = \frac{\varepsilon.\mathcal{I}.ds}{r^2}\cos\alpha = \frac{\mathcal{P}.ds}{r^2}\cos\alpha.$$

D'autre part, ε étant infiniment petit, l'angle solide sous lequel on voit, de P, l'élément de surface ds est :

$$d\omega = \frac{ds}{r^2}\cos\alpha ;$$

par conséquent :

$$dV = \mathcal{P}.d\omega.$$

Le facteur $d\omega$ devra être pris positif, ou négatif, suivant que, du

---

Fig. 16.

---

(1) On voit facilement que la formule de dimension de la puissance d'un feuillet est :

$$L^{\frac{1}{2}}\,M^{\frac{1}{2}}\,T^{-1}.$$

point P, on voit l'élément *ds* du côté du pôle positif de l'élément ou du côté du pôle négatif.

Si, maintenant, on étend cette propriété à tous les aimants élémentaires voisins sur le feuillet, on pourra conclure que l'action intégrale de tous ces aimants infiniment petits répond à l'énoncé du théorème suivant que nous allons justifier immédiatement après :

THÉORÈME. — *Le potentiel dû à un feuillet magnétique, en un point P, est égal au produit de la puissance ϕ du feuillet par l'angle solide ω sous lequel on voit, de ce point, le contour terminal ; l'angle ω étant positif ou négatif, suivant que la face du feuillet, comprise dans le cône d'angle ω et vue du point P, est positive ou négative.*

En effet si, du point P (fig. 17), on mène un rayon, celui-ci rencontrera le feuillet un nombre pair de fois ou un nombre impair

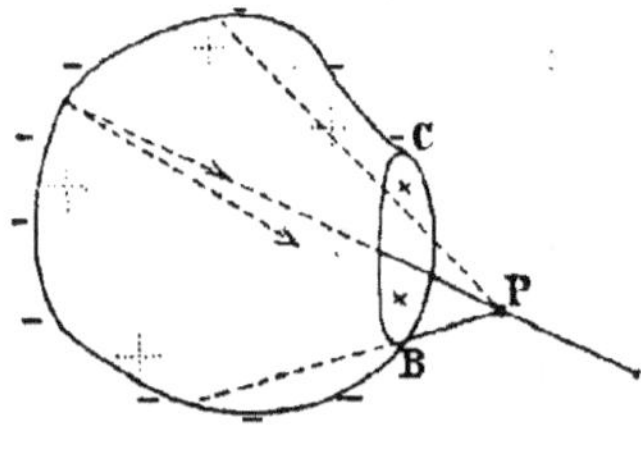

Fig. 17.

de fois ; sur la figure, on verra facilement que, au cas où ce rayon coupe le feuillet un nombre pair de fois, chaque élément correspondant au même angle solide dans la direction de ce rayon se conjuguera avec un autre élément, de telle façon que la face du feuillet présentée au point P sera positive pour un élément et négative pour son conjugué ; autrement dit, lorsque nous serons en présence d'une direction issue de P et coupant le feuillet un nombre pair de fois, on aura une contribution nulle au potentiel total relativement aux éléments situés sur l'angle solide ayant cette direction comme orientation moyenne de ses génératrices. O se trouvera en présence d'une direction coupant le feuillet un nombre impair de fois, quand cette direction passera par l'ouverture BC ménagée par le contour terminal ; dans ce cas, on constatera que tous les éléments sur la direction, *sauf un*, pourront être deux à deux conjugués de telle sorte que, si un élément est vu du point P par la face positive, l'autre sera vu du même point par la face négative. En résumé, *seuls* les éléments du feuillet rencontrés par les vecteurs issus de P et *situés dans l'angle solide relatif au contour terminal* apporteront une contribution au potentiel du feuillet en P.

Si le feuillet forme une surface fermée, l'angle solide est égal à la sphère entière ou $\pm 4\pi$ pour tout point *intérieur*, il est égal à zéro pour tout point *extérieur*. La valeur du potentiel est donc constante dans le premier comme dans le second cas ; par suite, l'action d'un feuillet formant une surface fermée est toujours nulle, puisque :

$$\mathcal{H} = -\frac{dV}{dn}.$$

Si l'on a une surface Σ, présentant une cavité (fig. 18) et si on suppose l'ouverture AB fermée par un feuillet Σ_2 de même puissance et de même contour terminal, on aura pour potentiel en tout point P (Pot Σ_1 désignant le potentiel dû au feuillet Σ_1) :

$$\text{Pot}\,(\Sigma_1 + \Sigma_2) = \text{Pot}\,\Sigma_1 + \text{Pot}\,\Sigma_2 ;$$

or, pour le point P intérieur, on a :

$$\text{Pot}\,(\Sigma_1 + \Sigma_2) = -4\pi\,\mathcal{P} = \text{Pot}\,\Sigma_1 + \text{Pot}\,\Sigma_2.$$

et, pour le point P′ extérieur, on a :

$$\text{Pot}\,(\Sigma_1 + \Sigma_2) = 0 ;$$

en remarquant alors, sur la figure, que si P′ et P sont infiniment rapprochés du feuillet Σ_1, le potentiel dû à Σ_2 est le même en P et en P′, on conclut que le potentiel dû à Σ_1 a augmenté brusquement de $4\pi\mathcal{P}$ en passant de l'intérieur à l'extérieur du feuillet Σ_1. *Implicitement*, nous avons admis dans la démonstration précédente que la surface interne de Σ_1 était une face négative, la démonstration serait aussi aisée dans le cas contraire.

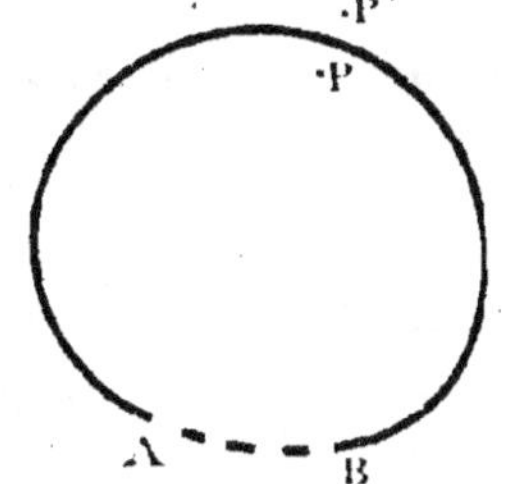

Fig. 18.

En appelant ω l'angle solide sous lequel on voit de P′ la surface Σ_2, on aura pour potentiel en P′ : $+\mathcal{P}\omega$, tandis qu'en P, le potentiel sera : $-(4\pi - \omega)\mathcal{P}$.

La fonction potentielle d'un feuillet magnétique est donc une fonction uniforme et continue pour tous les points de l'espace, *sauf pour la surface du feuillet qui constitue, pour cette fonction, une plage de discontinuité*. En passant d'un point de la face négative à un point très voisin de la face positive, le potentiel augmente brusquement de $4\pi\mathcal{P}$, quel que soit, d'ailleurs, le chemin suivi.

Force magnétomotrice. — Ce n'est pas le premier exemple de discontinuité que nous rencontrons; en étudiant le phénomène Peltier, en effet, nous avons appris que, lorsqu'on chauffe à température constante la surface de séparation de deux milieux conducteurs, on obtient une force électromotrice constante E. Celle-ci produirait un courant dans le milieu ambiant, si ce milieu était conducteur; si ce milieu est isolant, il n'y aura plus de courant, mais il y aurait encore production d'un champ électrique dont chaque ligne de force irait de la face positive de la surface chauffée à la face négative de cette même surface.

L'analogie paraît complète entre les phénomènes magnétiques présentés par les feuillets et les phénomènes électrostatiques présentés dans l'effet Peltier. La valeur du potentiel E s'appelle la *force électromotrice* de contact, la différence brusque de potentiel magnétique, qui existe entre les deux faces d'un feuillet magnétique, s'appelle, par analogie, *force magnétomotrice* du feuillet.

Les dimensions d'une force magnétomotrice sont donc $L^{\frac{1}{2}} M^{\frac{1}{2}} T^{-1}$

Energie relative d'un feuillet dans un champ. — Si la masse fixée en P était égale à m_1, l'énergie *relative* du feuillet *en sa place* et du point P chargé de sa masse m_1 *en sa position* serait, d'après une formule établie page 25 :

$$d\mathrm{W} = \mathcal{I} \int_{\Sigma} \frac{m_1 ds . \cos z}{r^2} = \mathcal{I} . m_1 \omega,$$

l'intégrale étant étendue à toute la surface Σ du feuillet, ω étant l'angle solide sous lequel, du point P, on voit l'ouverture terminale de ce feuillet.

En examinant l'expression $\dfrac{m_1 ds . \cos z}{r^2}$, on reconnaît le flux qui, émané de la masse placée en P, traverse l'élément de surface ds du feuillet en pénétrant par sa face positive; et, par conséquent, l'intégrale est le flux total qui, émané de la masse m_1 placée en P, traverse la surface du feuillet en pénétrant par la face positive. Si, au lieu d'un seul point P, nous en avons un nombre quelconque ayant chacun leurs charges, ils détermineront un champ, somme géométrique de chacun des champs déterminés par chacun des points P; le théorème que nous avons en vue peut s'énoncer alors immédiatement dans toute sa généralité; il suffira de remarquer

que, si l'on désigne par $(-\Phi)$ le flux total qui traverse le contour
terminal en pénétrant par la face positive de la surface, on aura :

$$W = - \mathcal{P}\Phi,$$

d'où l'énoncé du théorème suivant :

*L'énergie potentielle d'un feuillet est égal au produit, pris en
signe contraire, de la puissance du feuillet par le flux qui traverse
son contour en pénétrant par la face négative.*

La position d'équilibre stable du feuillet dans le champ correspondra à celle des positions qui correspond au minimum d'énergie :
cette position correspond donc au cas où le flux, pénétrant par la face
négative, est maximum.

Energie mutuelle de deux feuillets. — Si deux feuillets Σ_1, de
puissance $\mathcal{P}_1$, et Σ_2, de puissance $\mathcal{P}_2$, sont en présence, ils détermineront un champ, somme géométrique des champs que chacun d'eux
occasionnerait séparément.

Or, considérons (fig. 19) une surface géométrique S parallèle
extérieurement à la surface du feuillet Σ (supposé seul comme corps
magnétique dans le champ), nous suppo-
serons de plus S très rapprochée de Σ. Le
feuillet Σ de puissance magnétique constante étant supposé le seul corps chargé
dans l'espace, tout le champ proviendra de
lui, en appliquant alors le théorème de
Gauss à la surface S, on verra que le flux
traversant la surface S est égal à $4\pi.M$, M
étant la masse totale de magnétisme con-
tenue dans S. Or, M est nul puisque,

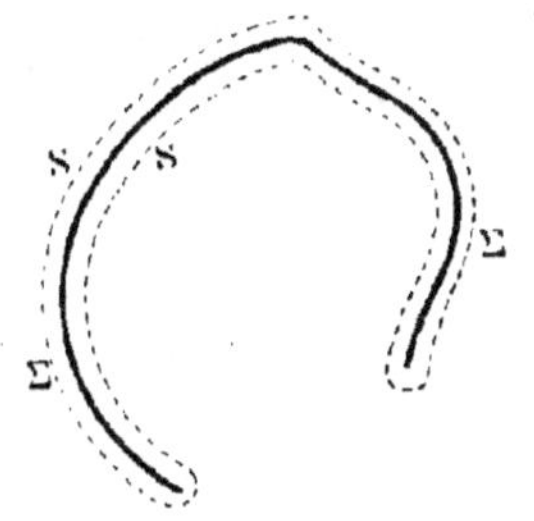
Fig. 19.

sur le feuillet, à une masse $+ m$ correspond une masse $- m$,
ainsi le flux dû au feuillet et traversant la surface S est nul ; mais S
est parallèle à Σ et très rapproché de lui, donc le flux total dû au
feuillet et traversant le feuillet doit être considéré comme nul ;
l'énergie relative de Σ dans son propre champ est nul, *ce qui était à
prévoir d'ailleurs.*

Ceci posé, l'énergie relative de Σ_1 dans le champ dû aux deux
feuillets Σ_1 et Σ_2 est égale à la somme de l'énergie relative de Σ_1
dans chacun des deux champs ; or, l'énergie relative de Σ_1 dans son
propre champ est nulle, comme nous venons de le voir dans le para-

graphe précédent, par conséquent, l'énergie relative de Σ_1 est de la forme :

$$W = - \mathcal{P}_1 \times \Phi_2,$$

Φ_2 étant le flux de force dû au second feuillet traversant le contour terminal de Σ_1 en pénétrant par la face négative. D'ailleurs Φ_2 peut s'écrire évidemment ainsi :

$$\Phi_2 = M_2 \mathcal{P}_2,$$

en appelant M_2 le flux qui traverserait Σ_1, si la puissance de Σ_2 était égale à 1, on a donc finalement :

$$W = - \mathcal{P}_1 \times \mathcal{P}_2 \times M_2.$$

Si l'on avait modifié les raisonnements, c'est-à-dire, si l'on avait cherché l'énergie relative de Σ_2 dans le champ des deux feuillets, on aurait trouvé la même énergie, mais la formule eût été :

$$W = - \mathcal{P}_1 \times \mathcal{P}_2 \times M_1,$$

M_1 étant le flux que recevrait le deuxième feuillet Σ_2, si la puissance du premier feuillet était égale à l'unité. On a donc obligatoirement (1) :

$$M_1 = M_2.$$

Le coefficient M est appelé le *coefficient d'induction mutuelle des deux feuillets* (1); on peut énoncer ainsi le théorème suivant :

L'énergie mutuelle de deux feuillets de puissances invariables $\mathcal{P}_1$ *et* $\mathcal{P}_2$ *est égale au produit changé de signe de* $\mathcal{P}_1\,\mathcal{P}_2$ *par le coefficient*

<hr>

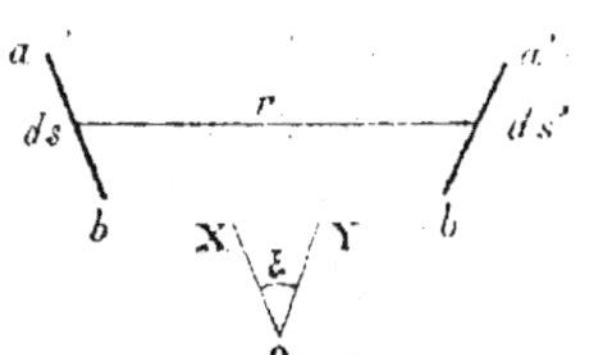

Fig. 20.

(1) La valeur de M est donnée par une formule établie par Neumann ; si l'on appelle (fig. 20) ds l'élément ab du contour terminal de Σ_1 ; ds' l'élément différentiel $a'b'$ du contour terminal de Σ_2, ε l'angle de ds avec ds', on a :

$$M = \int\int \frac{ds \cdot ds'}{r} \cdot \cos \varepsilon,$$

l'intégrale double étant relative au parcours successif de chaque contour terminal.

On voit, sur la formule intégrale, que le coefficient d'induction mutuelle a pour dimension une longueur.

Cette formule sera établie dans la partie s'occupant de l'induction.

d'induction mutuelle des deux feuillets. Ce coefficient d'induction mutuelle est le flux que recevrait le deuxième feuillet par sa face négative si la puissance du premier était égale à l'unité.

Unité d'induction. — Un coefficient d'induction est homogène à une longueur ; pour le démontrer, il suffit de partir de la relation :

$$W = - \mathfrak{P}_1 \mathfrak{P}_2 M$$

nous savons, en effet, que les dimensions :

1° De l'énergie sont :

$$[M_{asse}] [L^2] [T^{-2}] ;$$

2° De la puissance d'un feuillet sont :

$$[M_{asse}]^{\frac{1}{2}} [L]^{\frac{1}{2}} T^{-1}$$

Les dimensions de l'induction seront donc :

$$[M] = [L].$$

Dans le système C. G. S., le coefficient d'induction devra donc avoir le centimètre comme unité; comme le centimètre est une unité trop petite dans la pratique, on se sert d'une unité secondaire, le *henry*, valant 10^9 centimètres. On remarquera que le quart du méridien terrestre a une longueur de 10^9 centimètres ; avant le Congrès de Chicago (1893), qui adopta le nom d'*henry*, on donnait à cette unité le nom de quadrant qui rappelait ses dimensions relativement à celle de la terre.

Digressions sur le rôle tenu par un métal magnétique dans un champ. — Nous avons vu que si l'on venait à placer dans un champ magnétique une substance magnétique (fer, nickel, cobalt), on constatait que ces substances prenaient toutes les propriétés des aimants. L'aimantation d'un corps peut être *temporaire* ou *permanente*, suivant que l'aimantation cesse dès qu'on supprime le champ ou qu'elle persiste malgré la disparition de celui-ci. Certains auteurs disent que, dans le premier cas, on est en présence de *magnétisme induit*, et, dans le second cas, de *magnétisme rigide*. Ainsi, le fer doux recuit, qui perd son aimantation dès qu'on supprime le champ, serait susceptible de magnétisme temporaire (ou induit), alors que l'acier trempé qui, au contraire, reste aimanté malgré la disparition du champ magnétisant, serait susceptible de magnétisme permanent ou rigide

Nous allons donner quelques aperçus sur le phénomène d'aimantation, nous réservant de *plus complets et plus précis* développements après l'étude théorique du magnétisme et de l'électromagnétisme. Un champ $\overline{\mathcal{H}}$ agissant sur une substance magnétique la

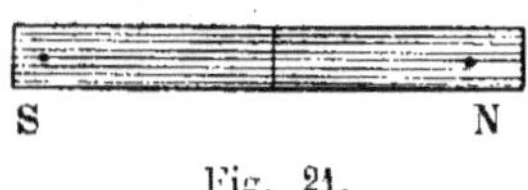

Fig. 21.

transforme en un aimant (fig. 21); l'ensemble des masses m magnétiques placées aux extrémités de l'aimant créera alors un champ $\overline{\mathcal{H}_1}$ qui se composera avec le champ magnétisant $\overline{\mathcal{H}}$, de sorte que le champ résultant sera $\overline{\mathcal{H}} + \overline{\mathcal{H}_1}$.

On démontrera dans la suite, ainsi que nous l'avons dit plus haut, qu'un aimant parallélépipédique détermine un champ $\mathcal{H}_1$, en un point voisin de ses bases, dont la forme est :

$$\mathcal{H}_1 = 4\pi\mathcal{J}.$$

où $\mathcal{J}$ est l'intensité d'aimantation du barreau ; de sorte que, en appelant $\mathcal{B}$ la résultante de $\overline{\mathcal{H}}$ et $\overline{\mathcal{H}_1}$, on aura, en supposant que $\mathcal{H}$ soit *parallèle à l'axe magnétique du barreau* :

$$\mathcal{B} = \mathcal{H} + \mathcal{H}_1 = \mathcal{H} + 4\pi\mathcal{J},$$

ou bien :

$$\mathcal{B} = \mathcal{H}\left(1 + 4\pi\frac{\mathcal{J}}{\mathcal{H}}\right) = \mu\mathcal{H},$$

car nous avons déjà donné au rapport $\mu = \dfrac{\mathcal{H}}{\mathcal{B}}$ le nom de perméabilité de l'aimant, et à $\dfrac{\mathcal{J}}{\mathcal{H}}$, celui de coefficient d'aimantation $\varkappa$, de sorte qu'on a :

$$\mu = 1 + 4\pi\varkappa.$$

Les variations des constantes magnétiques d'un échantillon. — Lorsqu'on détermine les constantes de l'aimantation par des *procédés que nous décrirons et justifierons plus loin* comme applications des phénomènes d'induction, on aperçoit nettement de brusques changements dans la façon de varier des courbes représentatives. En particulier, si l'on étudie la variation de $\mathcal{B}$ en fonction du champ magnétisant $\mathcal{H}$ relativement à un barreau parallélépipédique d'acier (fig. 22), on constate qu'en faisant croître $\mathcal{H}$, à partir de zéro, la courbe part de l'origine, *si le barreau est vierge au point de vue magnétique*; on voit ensuite que, pour de très faibles forces magnétisantes, le flux croît très lentement, [puis la courbe tourne

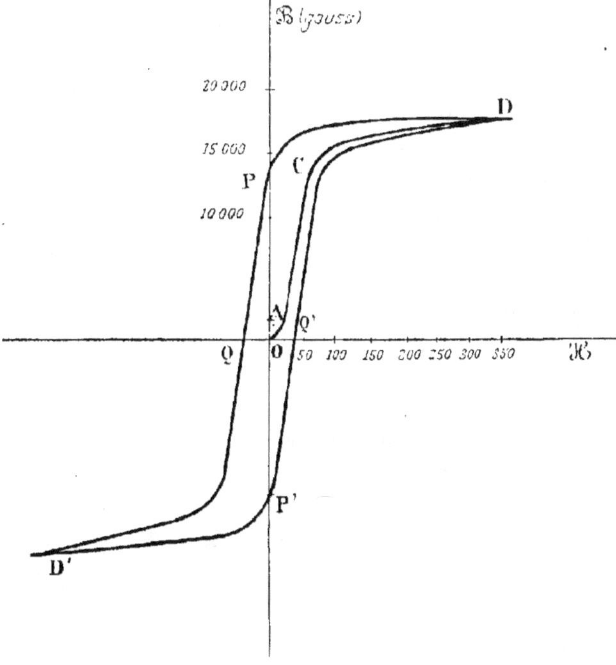

Fig. 22.

brusquement en A pour atteindre ensuite un point d'inflexion et remonter rapidement jusqu'à un coude C. L'accroissement des ordonnées devient alors de plus en plus faible et le barreau atteint, en s'approchant de D, l'état magnétique qu'on désigne sous le nom de *saturation*.

En faisant alors diminuer, sans *oscillation* ni *interruption*, les champs magnétisants, on constate que la courbe descendante ne s'applique pas sur la courbe montante précédemment obtenue, mais que cette courbe suit un autre tracé DP, de sorte que le barreau, pour un champ magnétisant nul, est encore aimanté; la valeur $\mathcal{B} =$ OP est *une caractéristique du magnétisme rémanent*. Si la force magnétisante change de signe, la courbe représentative prend la forme PQD'; si, maintenant, on fait reprendre, en sens inverse, à la force magnétisante toutes les valeurs précédentes, on décrira la courbe D'P'Q'D symétrique, par rapport à O, de DPQD'. Si, après cette **première** opération, on continue à faire reprendre à x, d'une manière continue, le même cycle des valeurs précédentes, on constatera que la courbe suivra un chemin constitué par les branches DPQD' et D'P'Q'D.

On voit donc ainsi que, pendant la période décroissante de la courbe cyclique, les valeurs de $\mathcal{B}$ sont nettement plus grandes que celles données par la courbe OACD; pendant la période croissante, au contraire, elles sont plus faibles. Ce phénomène, dû à ce qu'on a appelé la force coercitive, a reçu de M. Ewing le nom d'*hystérésis*.

M. Hopkinson a représenté la *force coercitive* par l'abscisse OQ, donnant la valeur de la force magnétisante négative nécessaire à la neutralisation de l'aimantation du barreau. Il faut cependant bien remarquer que, si le barreau est revenu à une aimantation nulle, il n'a pas repris son état primitif, il ne suit plus les mêmes cycles de variation que lorsqu'il était à l'état neutre.

Hypothèse de Weber. — Compléments de M. Ewing. — L'expérience de l'aimant brisé a suggéré à Weber une hypothèse sur la constitution des corps magnétiques (fer, nickel, cobalt). Il suppose que les corps magnétiques sont constitués par de petits aimants moléculaires dont les orientations sont absolument quelconques à l'état neutre. Si l'on fait agir un champ magnétique, les petits aimants tendent tous à prendre une orientation de même sens, et ce, d'autant mieux que la cause du phénomène (*le champ magnétisant*) agit de façon plus intense. Pour expliquer les variations observées dans le degré d'aimantation, on est amené à admettre que les molécules opposent une certaine résistance à l'aimantation, variable avec la nature et l'état physique des corps magnétiques; à cette résistance, on a donné le nom de *force coercitive*.

La force coercitive est faible dans un barreau de fer recuit (ou fer doux), de sorte qu'un échantillon de ce métal étant introduit dans un champ magnétique de moyenne intensité s'y aimantera de suite fortement; mais il perdra très facilement cette aimantation, lorsqu'il sera enlevé du champ, il ne conservera que des traces de magnétisme rémanent.

L'écrouissage accroît la force coercitive du fer, mais on augmente la faculté d'aimantation en alliant ce métal avec certains corps étrangers en des proportions définies. L'expérience a montré que quelques centièmes de silicium ou d'aluminium donnent au fer contenant peu de carbone des propriétés magnétiques bien supérieures, surtout sous le rapport de la diminution de l'hystérésis, à celles des fers les plus purs. Par contre, le manganèse semble être le métal qui, même en quantités très petites, a l'influence la plus néfaste sur les qualités magnétiques d'un fer ou d'un acier ; un acier contenant 7 à 8 % de manganèse cesse d'être magnétique ; dans la construction des machines, on doit rejeter un fer (ou acier) contenant plus de 4 à 5 millièmes de manganèse.

Le chrome, le molybdène et le tungstène sont aussi funestes pour les qualités magnétiques de l'acier ; mais, comme ils accroissent dans des proportions considérables la force coercitive, on les recherche pour la fabrication des aimants permanents.

Depuis douze à quinze ans, l'étude au microscope des composés métalliques a apporté à cette branche de la science la rigueur qui lui faisait jusqu'alors défaut; c'est depuis les travaux de MM. Osmond, Charpy, Le Chatelier, Carnot, etc., etc., que la métallurgie a cessé d'employer des méthodes empiriques de classification.

L'hypothèse de Weber s'accorde avec certains faits d'expériences qu'il est nécessaire de mettre en lumière :

a) L'aimantation d'un barreau par un champ de plus en plus intense tend vers une limite qu'on a appelée saturation ; cette limite paraît correspondre aux valeurs de l'intensité du champ pour lesquelles la direction du champ et celle de tous les axes des petits aimants particulaires sont parallèles ;

b) Toute cause d'agitation moléculaire facilite l'aimantation d'un barreau placé dans un champ, mais les chocs ou toute autre cause d'agitation moléculaire facilitent la désaimantation d'un corps magnétique non soumis à l'action d'un champ.

Une élévation de température affaiblit la puissance d'un aimant; au rouge vif l'aimantation disparaît. Les variations du moment magnétique sont données par une formule linéaire de la température, si $\mathfrak{M}_t$ et $\mathfrak{M}_0$ sont les moments magnétiques d'un barreau aimanté, α une constante variable d'un échantillon à l'autre, on aura :

$$\mathfrak{M}_t = \mathfrak{M}_0 (1 - \alpha t).$$

Cette formule permet de concevoir que, à partir d'une certaine température, $\mathfrak{M}_t$ devienne nul; mais il paraît surprenant que, seuls les trois corps : fer, nickel et cobalt, soient magnétiques, on est ainsi amené à se demander si les autres corps ne sont pas, à la température ordinaire, en dehors de la limite de température au-dessous de laquelle ces corps seraient magnétiques. Hopkinson a reconnu que la température critique du fer, c'est-à-dire la température limite à partir de laquelle ce corps cesse d'être magnétique était de 775°C (1). Faraday pensait que tous les corps possédaient une température critique analogue, mais que cette température était généralement très basse par rapport aux températures ordinairement utilisées. Pour l'oxygène, la question est élucidée, car M. Dewar a démontré que l'oxygène liquide était fortement magnétique. L'alliage de fer avec 25 % de nickel n'est pas magnétique aux températures au-dessus de zéro degré centigrade, mais il le devient au-dessous de cette température ; nous reviendrons d'ailleurs sur les anomalies magnétiques des ferro-nickels.

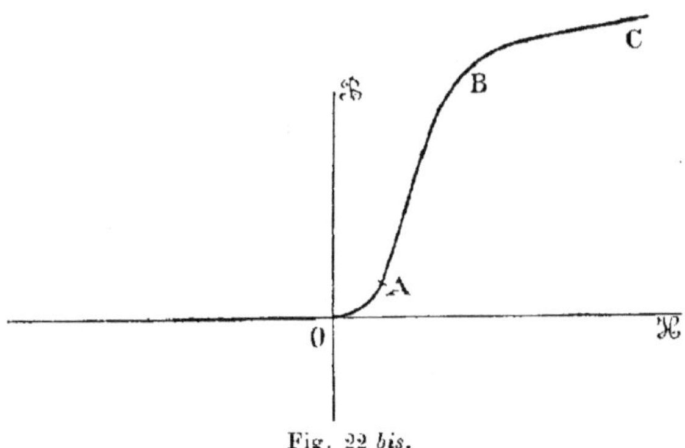

Fig. 22 *bis*.

Ewing, pour expliquer les changements dans les qualités magnétiques révélées par les tournants brusques en A et B (fig. 22 *bis*) de la courbe d'aimantation, a réalisé l'expérience suivante : De petites

(1) M. Tait a reconnu que, à cette température, le pouvoir thermo-électrique du fer était profondément modifié.

aiguilles aimantées sont rangées très régulièrement les unes près des autres de manière à pouvoir osciller dans un même plan horizontal sans se toucher. Ces aiguilles sont soumises à une force magnétisante obtenue en enroulant autour de la caisse qui les contient des spires de fils dans lesquelles on fait passer un courant électrique (1). Lorsque le champ magnétisant produit neutralise le champ terrestre, on voit les petites aiguilles former entre elles des groupements d'orientation, plus ou moins *complexes*, mais *stables;* si l'on écarte un de ses éléments de sa position, il y revient *immédiatement*, toutefois, si l'on déplace plusieurs éléments de façon suffisante, on rompt l'équilibre précédent, et un *autre groupement stable* se forme entre les petits aimants. Quand, à ce système, on applique une force magnétisante de plus en plus intense, on voit d'abord les diverses combinaisons se déformer progressivement, puis, si l'on diminue légèrement cette force magnétisante, on voit les combinaisons antérieures tendre à se reformer ; autrement dit, on semble être en présence d'un phénomène réversible, pour les *faibles variations du champ magnétisant.*

Si le champ magnétisant augmente (ce qu'on obtient facilement en faisant croître le courant dans les spires), il arrive un moment où, brusquement, un changement se produit dans les combinaisons; c'est qu'alors on a dépassé la déformation limite que les combinaisons pouvaient supporter sans cesser d'être réversibles; on constate qu'à partir de ce moment un *très faible accroissement* du champ magnétisant suffit pour orienter tous les aimants dans une direction voisine de celle du champ lui-même ; cette période correspond à la région AB de la figure **22** *bis.*

En examinant le groupe d'aimants au cours de cette étape de l'expérience, on voit que de nouveaux groupements se forment de proche en proche ; que, sous l'action d'un champ magnétisant laissé constant, ces groupements demandent un temps *fini* (quoique court) pour se former, on comprend ainsi la nécessité d'un intervalle de temps pour laisser aux molécules d'un aimant la possibilité de s'orienter suivant une nouvelle loi. Cette observation met en évidence une inertie des molécules à obéir *immédiatement* au champ magnétisant. Lorsqu'on fait croître encore le champ magnétisant,

---

(1) On verra plus loin la justification du procédé indiqué ici.

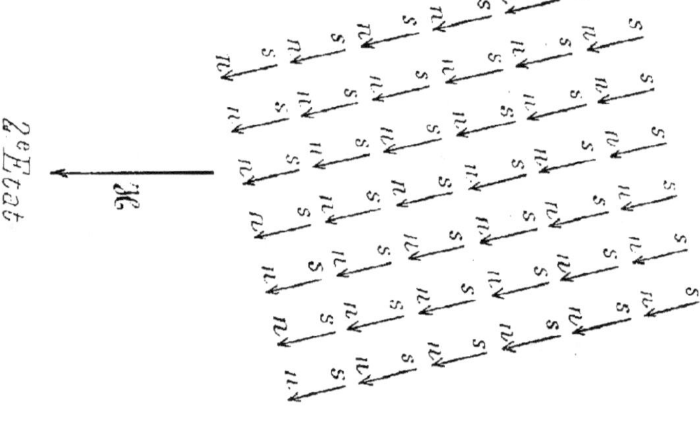

Fig. 23.

les petits aimants tendent *tous* à prendre de plus en plus la direction du champ ; à partir d'une certaine valeur du champ, le parallélisme est atteint, on n'aperçoit plus aucune modification sensible, malgré l'augmentation du champ magnétisant.

Les états successifs du système d'aimants sont reproduits par la figure 23 ; le premier état est correspondant au régime O A de la courbe de la figure 22 *bis*, le deuxième état correspond à la fin du régime A B de la même courbe, enfin la saturation correspond au troisième état de la figure 23.

Lord Rayleigh a reconnu que, dans le cas de *très faibles variations* de la force magnétisante, on constatait l'absence de tout phénomène d'hystérésis; ceci est en accord avec l'expérience des aimants; en effet, nous avons vu que de faibles augmentations du champ n'ont eu d'autre résultat que de donner aux petits aimants une déformation réversible comme il a été dit plus haut.

CHAPITRE III

Magnétisme terrestre.

Champ terrestre. — Déclinaison et inclinaison. — Si le champ terrestre peut être considéré comme uniforme en un lieu donné; ce que l'expérience d'ailleurs nous apprend, car l'orientation d'un même aimant est constante dans les limites des salles d'expérience les plus grandes; ce même champ varie toutefois en intensité et en direction d'un point à l'autre du globe; de plus, ce champ subit, pour un même lieu, une variation avec le temps.

On appelle *méridien magnétique* le plan vertical passant par l'axe d'un aimant librement suspendu; ou, autrement, on appelle méridien magnétique le plan vertical passant par la direction de la force terrestre.

On appelle *déclinaison* l'angle du plan méridien magnétique et du plan méridien astronomique du même lieu, l'angle considéré étant celui des deux demi-plans situés au nord de la verticale. La déclinaison est dite *orientale*, si le demi-plan magnétique est à l'est du demi-plan astronomique; elle est dite *occidentale*, si ce demi-plan est à l'ouest du demi-plan astronomique.

On appelle *inclinaison* l'angle que fait la direction de la force magnétique terrestre avec sa projection sur l'horizon. Dans notre hémisphère, le pôle nord des aimants plonge sous l'horizon, et, pour permettre l'oscillation des aiguilles dans le plan horizontal, on doit alourdir le pôle sud des aiguilles.

Le champ terrestre sera complètement déterminé quand on connaîtra chacune des trois quantités :

1° La *déclinaison* D ;

2° L'*inclinaison* I ;

3° L'intensité $\mathcal{X}$ du champ terrestre ou, ce qui revient au même,

BIBLIOTHÈQUE NATIONALE

VOLUMES MIS DE COTÉ

Place occupée par le Lecteur

Nom du Lecteur

COTES

VOIR AU DOS

la projection H sur l'horizon de cette intensité, projection qu'on appelle la *composante horizontale du champ terrestre.*

Nous déterminerons dans ce chapitre expérimentalement chacune de ces trois quantités.

Mesure de la déclinaison. — Boussole de déclinaison. — Une aiguille est rendue mobile dans un plan horizontal autour d'un axe vertical. Cette aiguille est munie de deux chapes en agate (fig. 24) pouvant reposer sur un pivot très délié. Si l'aiguille avait une aimantation bien symétrique, une seule lecture suffirait pour indiquer la direction de la méridienne magnétique, car l'axe magnétique coïnciderait avec la ligne des pointes. Supposons que l'axe magnétique soit *mn* (fig. 25 et 26), si nous retournons l'aiguille face pour face, l'axe conserve toujours la même direction, mais

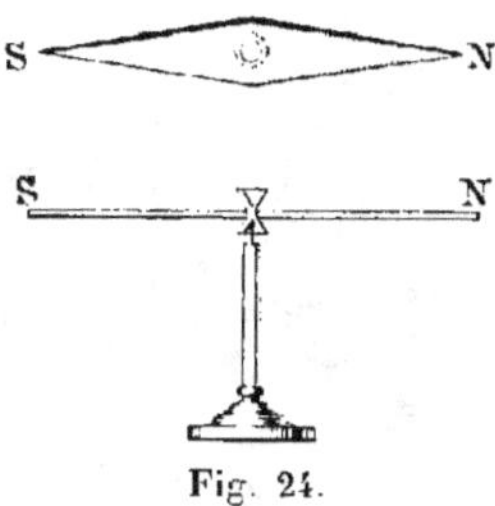

Fig. 24.

l'extrémité de l'aiguille est passée du point *a* au point *a'* symétrique par rapport à *mn*; si, au préalable, on a déterminé la direction

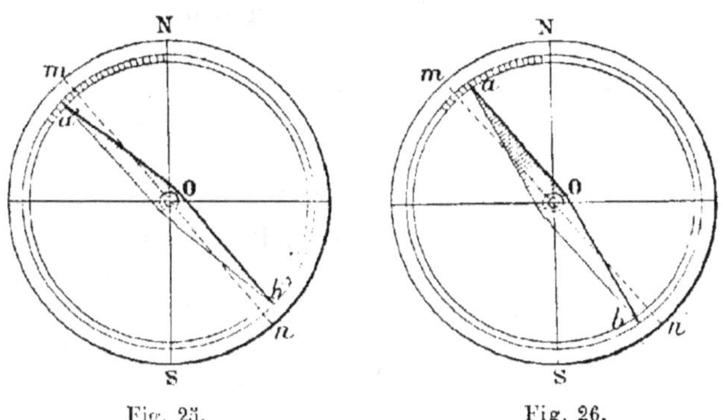

Fig. 25. Fig. 26.

du N.-S. géographique, la moyenne des angles $\dfrac{a\,ON + a'\,ON}{2}$ lue sur le cercle gradué donnera la déclinaison cherchée. Pour plus de précision même, on prend la moyenne :

$$\frac{a\,ON + a'\,ON + b\,OS + b'\,OS}{4}.$$

Réciproquement, si la déclinaison est connue, on déterminera facilement la direction du N.-S. géographique ou du plan méridien astronomique, c'est la méthode employée par les navigateurs, il n'est point nécessaire d'insister.

Pour les mesures de précision, on emploie des appareils moins rudimentaires. La figure 27 représente la boussole de déclinaison de Brünner. Cette boussole comprend un théodolite à l'aide duquel on pourra déterminer le méridien géographique au moyen d'opérations astronomiques effectuées avec la lunette F, opérations sur lesquelles nous n'avons pas à insister. L'axe horizontal du limbe portant la lunette supporte à son autre bout une monture dont une des branches porte à son extrémité un microscope M muni d'un réticule ; celui-ci permet d'observer un petit aimant suspendu en E à un fil de cocon lui-même attaché en BB', ce petit aimant est situé dans le plan vertical de déplacement de M. Après avoir déterminé le méridien magnétique, on fera tourner l'instrument autour de son axe vertical jusqu'à ce que l'extrémité de

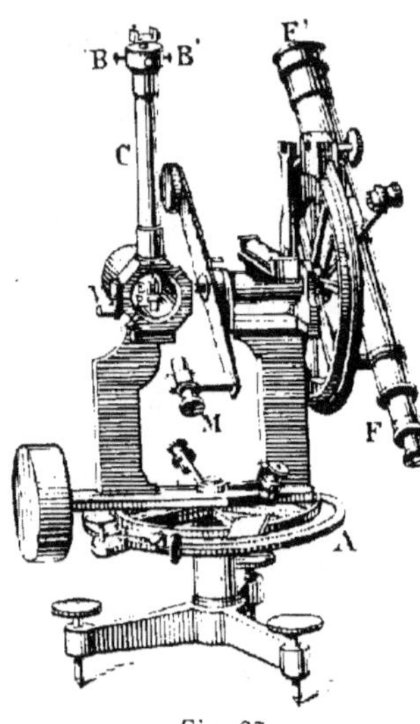

Fig. 27.

l'axe de l'aimant tombe sous le croisé des fils du réticule. La déclinaison sera fournie par l'angle dont il a fallu faire tourner l'instrument. Pour plus de précision, on relèvera également la position opposée relative à l'autre extrémité de l'aimant ; puis, retournant l'aiguille face à face, on recommencera les lectures ; il suffira alors de faire la moyenne des quatre lectures effectuées.

Il y a une vingtaine d'années et plus, on employait des aimants de grande dimension, estimant qu'ainsi on augmentait la précision de la mesure. Lord Kelvin a démontré que, au contraire, il y avait tout avantage à employer de petits aimants très légers. Le couple directeur est, avec de petits aimants, relativement plus grand, les oscillations sont plus rapides, les frottements moindres et la présence dans le voisinage de pièces métalliques n'exerce plus qu'une influence négligeable.

Au 1er janvier 1907, la déclinaison avait pour valeur à Paris (au Panthéon) D = 14°25′.

Mesure de l'inclinaison. — Boussole d'inclinaison. — Si une aiguille est mobile autour d'un axe horizontal passant par son centre de gravité, si, de plus, le plan vertical suivant lequel elle peut se déplacer est amené à coïncider avec le plan du méridien magnétique, l'angle que fera l'aiguille avec l'horizon donnera la valeur de l'inclinaison magnétique (fig. 28).

Pour les mesures de précision, on emploie une boussole moins rudimentaire, les opérations sont aussi plus compliquées et nécessitent quelques explications préliminaires. Soit (fig. 29) OA le vecteur représentant la direction de la force magnétique du lieu considéré, si un aimant libre de tourner autour d'un axe horizontal passant par O se déplace dans un plan vertical POZ, si OI est *sa position d'équilibre*, on verra facilement que la direction OI est la projection de OA sur le plan POZ ; ainsi donc, la droite AM, perpendiculaire abaissée de A sur OI, est

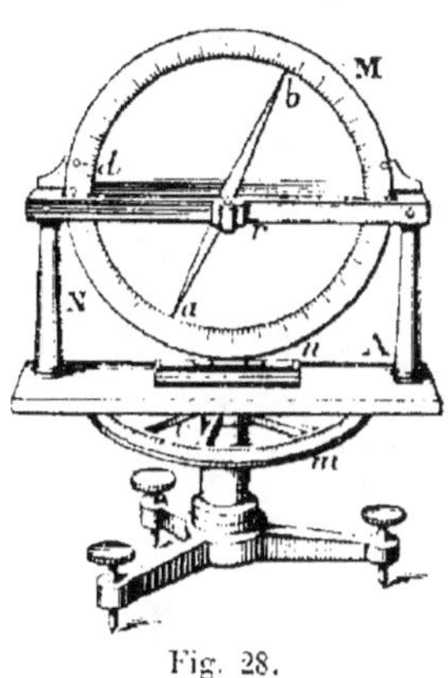

Fig. 28.

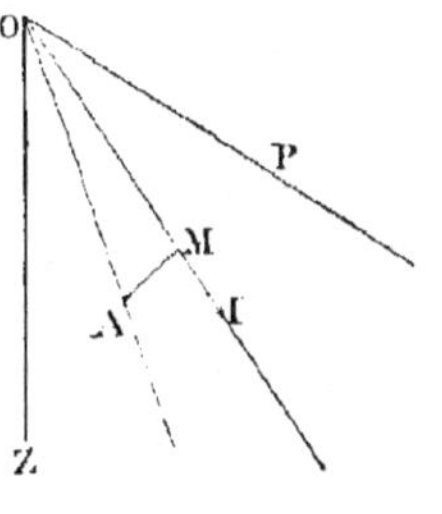

Fig. 29.

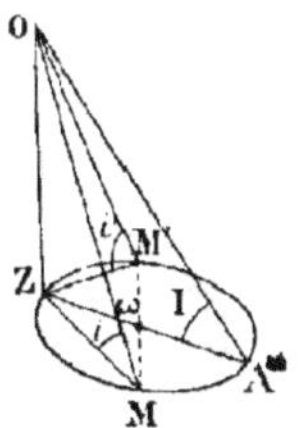

Fig. 30.

perpendiculaire au plan vertical POZ ; et, par suite, cette droite AM balaie le plan horizontal passant par A, lorsque le plan POZ tourne autour de la verticale OZ. De plus, le point M appartenant à une sphère de diamètre OA, le lieu géométrique de M est un cercle horizontal.

Ceci posé, soit (fig. 30) ce cercle ω lieu de M, soit OA la position de l'aiguille aimantée dans le plan méridien, puis O M et O M' deux positions de cette aiguille correspondant à deux plans verticaux à angle droit l'un sur l'autre. Nous aurons en posant :

$$\widehat{OMZ} = i, \quad \widehat{OM'Z} = i' \quad \text{et} \quad \widehat{OAZ} = I,$$

$$\operatorname{cotg} i = \frac{ZM}{OZ},$$

$$\operatorname{cotg} i' = \frac{ZM'}{OZ},$$

$$\operatorname{cotg} I = \frac{ZA}{OZ}.$$

Or, comme ZA est diamètre du cercle, on a :

$$\overline{ZM}^2 + \overline{ZM'}^2 = \overline{ZA}^2$$

et, par conséquent :

$$\operatorname{cotg}^2 i + \operatorname{cotg}^2 i' = \operatorname{cotg}^2 I.$$

On voit déjà que si :

$$i = I, \quad \operatorname{cotg} i' = 0, \quad \text{donc} \quad i = \frac{\pi}{2};$$

et l'aiguille est alors verticale.

La figure 31 représente la boussole d'inclinaison de Brünner.

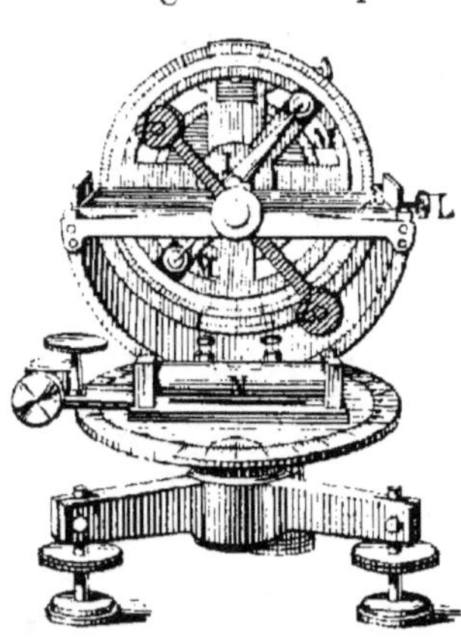

Fig. 31.

L'aiguille est une lame d'acier ayant la forme d'un losange très aigu, un axe cylindrique en acier la traverse en son milieu : cet axe repose sur deux agates taillées en biseau et dont les arêtes sont dans le même plan horizontal. On fait la lecture au moyen d'une alidade qu'on fait tourner sur le limbe de manière à le rendre à chaque observation parallèle à l'aiguille. Sur cette alidade sont disposés deux miroirs concaves pouvant avoir leurs centres dans le plan de l'aiguille et donnant ainsi de celle-ci, dans son plan, une image réelle et renversée de ses points. On fera en sorte d'amener l'image de la pointe au contact de cette pointe elle-même.

Pour faire un relevé d'observations, une méthode consiste à chercher à orienter le plan vertical du limbe de manière que l'aiguille prenne la position verticale; on sait alors, d'après une remarque précédente, qu'il suffira de faire tourner le limbe de 100 grades pour le placer dans le plan méridien magnétique. Dans cette position du limbe, une lecture immédiate donnera la valeur de l'angle I.

On peut aussi déterminer les angles i et i' correspondants à deux positions du limbe faisant un angle dièdre de 100 grades; on sait alors que :

$$\cot g^2 i + \cot g^2 i' = \cot g^2 I.$$

Il faut tenir compte toutefois des causes d'erreurs qui sont :

1° Celle due au centrage de l'aiguille ;

2° Celle due à l'incertitude sur la position de l'axe magnétique;

3° Celle due à la non-coïncidence du centre de gravité sur l'axe de rotation ;

4° Celle du zéro de la graduation.

La première s'éliminera en relevant les positions des deux extrémités de l'aiguille, la deuxième par le retournement face à face de cette aiguille, la troisième par le renversement de l'aimantation de l'aiguille et la quatrième par le retournement du limbe de 200 grades. Il est utile de faire une première série d'opérations avec l'aiguille aimantée dans un certain sens, puis de tout recommencer après que l'aimantation de l'aiguille a été retournée. Il faut ainsi 16 lectures pour déterminer par la moyenne la valeur probable de l'inclinaison.

L'inclinaison égalait à Paris (au Panthéon), le 1ᵉʳ janvier 1907, la valeur de $I = 64° 36'$.

Mesure d'un champ quelconque et particulièrement du champ terrestre. — Mesure du moment magnétique d'un aimant quelconque. — Pour mesurer un champ, il faudra étudier la façon dont se comporte un aimant connu dans ce champ uniforme; de même, pour connaître le moment magnétique d'un aimant, il faudra le placer dans un champ uniforme connu et examiner sa façon de s'y comporter. Il est donc naturel que la mesure d'un champ et la mesure du moment magnétique d'un aimant constituent deux opérations semblables.

Pour faire la mesure en valeur absolue d'un champ ou du moment magnétique d'un aimant, Gauss a développé un procédé indiqué avant lui par Poisson ; ce procédé consiste à calculer séparément le produit et le quotient du moment magnétique de l'aimant par le champ. Si l'on a trouvé successivement :

$$\mathfrak{M}\mathrm{H} = a \quad \text{et} \quad \frac{\mathfrak{M}}{\mathrm{H}} = b,$$

on aura :

$$\mathfrak{M} = \sqrt{a.b} \quad \text{et} \quad \mathrm{H} = \sqrt{\frac{a}{b}}.$$

Mesure de $\mathfrak{M}$H. — 1° *Méthode à l'aide de la balance de torsion.* — Si, au moyen d'un étrier, on suspend au fil d'une balance de torsion un barreau de cuivre de dimensions identiques à celles du barreau aimanté, l'ensemble prendra naturellement une direction correspondante à une torsion nulle du fil de suspension. Un miroir placé à l'étrier permettra de repérer à l'aide d'une échelle graduée cette position d'équilibre. Si l'on remplace ensuite le barreau de cuivre par l'aimant, le fil se tordra d'un angle θ_1 qui pourra être évalué par la déviation accusée par le miroir. Supposons maintenant qu'on tourne d'un angle α, dans le même sens, le tambour gradué supportant le fil de suspension, le miroir tournera d'un nouvel angle θ_2 ; si, à un certain moment, on a :

$$\alpha = \theta_1 + \theta_2$$

ceci indiquera, évidemment, que l'axe de l'aimant est orienté dans le plan du méridien magnétique, car la torsion du fil est alors nulle.

En tournant alors le tambour gradué d'un petit angle β, on observera pour la rotation du miroir un angle moindre θ. Le couple de torsion du fil est proportionnel à $(\beta-\theta)$, sa valeur est $c(\beta-\theta)$; d'autre part, le couple magnétique est $\mathfrak{M}\mathrm{H}\sin\theta$; comme ces deux couples se font équilibre, on a :

$$c(\beta - \theta) = \mathfrak{M}.\mathrm{H}\sin\theta.$$

D'où l'on tirera $\mathfrak{M}$H, si l'on connaît c. Pour calculer ce couple de torsion en valeur absolue, on suspend une masse non magnétique de *forme géométrique très simple*, une parallélépipède par exemple, on calcule la valeur du moment d'inertie de l'ensemble formé par ce parallélépipède, le fil et l'étrier, soit K ce moment d'inertie. Si l'on imprime au système une faible impulsion, ce système pendulaire effectue des oscillations isochrones. En effet, le couple d'inertie $K\dfrac{d^2\theta}{d^2t}$ faisant, à tout instant, équilibre au couple de torsion changé de signe, on a :

$$K\frac{d^2\theta}{dt^2} + c\theta = 0,$$

on en déduit facilement :

$$\theta = \theta_0 \sin \sqrt{\frac{c}{K}}\,(t - t_0),$$

les valeurs de t correspondant aux élongations maxima seront données par la relation :

$$0 = \frac{d\theta}{dt} = \theta_0 \sqrt{\frac{c}{K}} \cos \sqrt{\frac{c}{K}}\,(t - t_0),$$

ou encore :

$$\sqrt{\frac{c}{K}}\,(t - t_0) = (2m + 1)\frac{\pi}{2},$$

de sorte que, si t et $(t + T)$ correspondent à deux élongations maxima successives, on aura :

$$\sqrt{\frac{c}{K}} \left\{ t + T - t_0 - t + t_0 \right\} = (2m + 3)\frac{\pi}{2} - (2m + 1)\frac{\pi}{2},$$

ou bien :

$$\sqrt{\frac{c}{K}}\, T = \pi;$$

et ainsi pour la durée T' d'une oscillation double :

$$2T = T' = 2\pi \sqrt{\frac{K}{c}},$$

ainsi, lorsqu'on connaît K et T', on en déduira c par la relation :

$$c = \frac{4\pi^2 K}{T^2}.$$

2° *Méthode à l'aide du bifilaire de Gauss.* — Si, dans la méthode précédente, on remplace le fil unique de suspension par un bifilaire composé de deux fils fins en laiton d'égale longueur

(30 centimètres environ) B'A' et BA, d'un diamètre très faible (0,05 mm.), distants l'un de l'autre d'environ 8 millimètres, le couple de torsion est, dans ce cas, proportionnel au sinus de la torsion $(\beta - \theta)$. On aura ainsi :

$$D \sin(\beta - \theta) = \mathfrak{M} H \sin \theta,$$

qui donne $\mathfrak{M} H$ immédiatement, si l'on connaît D ; celui-ci est donné par la formule suivante qu'on établira facilement :

$$D = \frac{1}{4} . \frac{a.b}{h} \, mg,$$

où a est la longueur de la ligne horizontale qui joint les extrémités

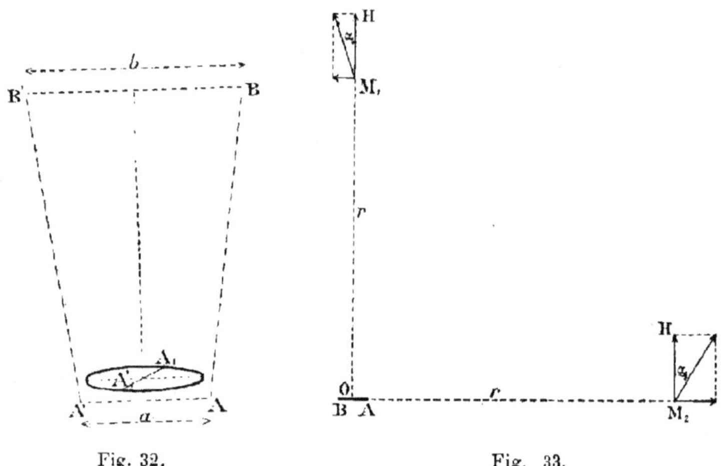

Fig. 32.   Fig. 33.

inférieures des deux fils de suspension, b la longueur de la ligne qui joint leurs extrémités supérieures, h la distance verticale de ces deux lignes, enfin mg le poids du système suspendu par les fils (fig. 32).

Kohlrausch a remplacé l'aimant massif de Gauss par un aimant ayant la forme d'un petit tube qui ne peut, par conséquent, produire dans son voisinage que de faibles perturbations magnétiques.

Mesure de $\dfrac{\mathfrak{M}}{H}$. — Plaçons l'axe magnétique de l'aimant AB de moment $\mathfrak{M}$ perpendiculairement au méridien magnétique (fig. 33), c'est-à-dire à l'intensité H du champ. En un point M_1, situé dans le plan perpendiculaire au milieu de AB et à une distance r de

AB, le vecteur champ dû à cet aimant est parallèle et de direction contraire à BA; de plus, si $\dfrac{AB}{r}$ est très petit, la longueur de ce vecteur est, comme on l'a vu au cours de ce fascicule, égale à $\dfrac{\mathfrak{M}}{r^3}$. La direction du champ résultant en M_1 fait avec H, d'après ce qui a été démontré déjà (p. 23) un angle égal à :

$$\operatorname{tg}\alpha_1 = \frac{\mathfrak{M}}{H\,r^3}.$$

Si, maintenant, on considère le point M_2 situé sur le prolongement de AB à une distance de celui-ci égale à r, on sait que la direction du champ résultant fait avec H un angle α_2 donné par la formule :

$$\operatorname{tg}\alpha_2 = 2\,\frac{\mathfrak{M}}{H\,r^3}.$$

Dans l'hypothèse où $\dfrac{AB}{r}$ serait un infiniment petit, il suffirait donc de placer en M_2 un magnétomètre (1) pour connaître $\operatorname{tg}\alpha_2$, et, par suite, connaissant r par une mesure précise préalable, la valeur de :

$$\frac{\mathfrak{M}}{\mathfrak{K}} = \frac{r^3}{2}\,\operatorname{tg}\alpha_2.$$

En pratique, le rapport $\dfrac{AB}{r}$ n'est pas infinitésimal, la valeur de $\dfrac{\mathfrak{M}}{H}$ doit donc être corrigée par l'addition de terme en $\dfrac{1}{r}$, $\dfrac{1}{r^2}$, $\dfrac{1}{r^3}$, etc., la formule devient ainsi :

$$\frac{\mathfrak{M}}{H} = \frac{r^3}{2}\,\operatorname{tg}\alpha_2\left(1 + \frac{a_1}{r} + \frac{a_2}{r^2} + \frac{a_3}{r^3} + \ldots\right)$$

Si l'on effectue une série de quatre expériences en faisant varier r, on déterminera les valeurs de a_1, a_2, a_3 en éliminant d'abord le rapport $\dfrac{\mathfrak{M}}{H}$ entre quatre équations; on aura la valeur cherchée pour ce rapport en substituant les valeurs numériques trouvées pour les coefficients a dans l'équation précédente qui exprime le rapport entre $\mathfrak{M}$ et $\mathfrak{K}$.

Gauss, dans une série *d'expériences très soigneusement exécu-*

---

(1) Un magnétomètre est un appareil destiné à déterminer l'orientation d'une petite aiguille aimantée, celle-ci est suspendue au moyen d'un étrier au fil d'une balance de torsion. Un miroir placé sur l'étrier permet de repérer la position de l'aiguille.

tées sur deux mêmes petits barreaux disposés à des distances r variables, avait tiré, relativement aux positions M_1 et M_2, successivement de la formule précédente :

$$\operatorname{tg}\alpha_1 = 0{,}043435\,r^{-3} + 0{,}002449\,r^{-5} + \ldots$$

$$\operatorname{tg}\alpha_2 = 0{,}08687\,r^{-3} - 0{,}002185\,r^{-5} + \ldots$$

le coefficient $0{,}08687$ qui entre dans l'expression relative à la position M_2 est *bien le double* du premier coefficient de la formule explicite donnant $\operatorname{tg}\alpha_1$ et relative à M_1. On peut vérifier que, pour des distances supérieures à 100 centimètres, l'erreur commise, en négligeant les termes en r^{-5}, est inférieure à 5×10^{-4}. Gauss a tiré des *expériences concordantes nombreuses* qu'il a faites une nouvelle preuve de la loi de Coulomb (1).

---

(1) Supposons que la loi d'attraction cherchée soit : $F = mm_1\,\varphi(r)$, r étant la distance des masses en présence.

On aura (fig. 34), en calculant la résultante de l'action sur l'unité de masse placée en M_1, à une distance r sur la normale au milieu de l'aimant élémentaire BA, en appelant de plus $2l$ la longueur de ce petit aimant BA, $\mathfrak{M}$ le moment magnétique de BA :

$$M_1 f_1 = \frac{-2m\,\varphi(r) \times l}{r} = -\frac{\mathfrak{M}}{r}\varphi(r),$$

il en résulte qu'en composant avec un champ H normal à BA, on obtient, en gardant les notations précédentes :

$$\operatorname{tg}\alpha_1 = \frac{\mathfrak{M}}{H.r}\varphi(r).$$

En calculant $M_2 f_2$, résultante de l'action sur l'unité de masse positive placée en M_2, à une distance r du milieu de BA sur le prolongement de sa direction, on aura, en supposant l petit :

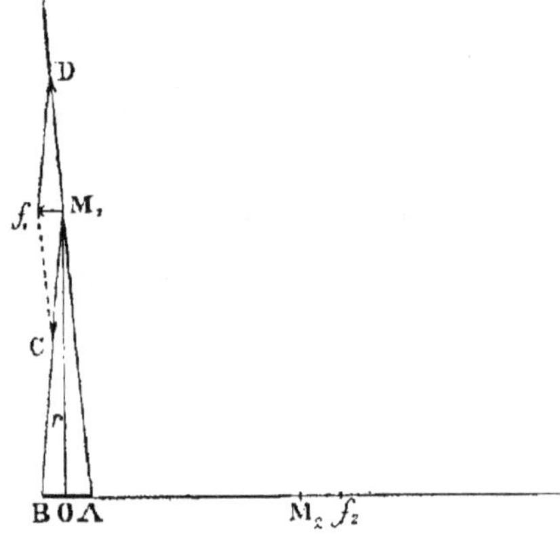

Fig. 34.

$$M_2 f_2 = m\,[\varphi(r - l) - \varphi(r + l)] = -2m\varphi'(r)\,l = -\mathfrak{M}.\varphi'(r).$$

et ainsi :

$$\operatorname{tg}\alpha_2 = +\frac{\mathfrak{M}}{H}\varphi'(r),$$

or. si on a **expérimentalement** :

$$2\operatorname{tg}\alpha_1 = \operatorname{tg}\alpha_2.$$

on en déduira :

$$2\frac{\varphi(r)}{r} = \varphi'(r),$$

Supposons qu'on ait pris deux positions de M_1 aux distances R et R', sur la normale OM_1 à l'aimant BA, on verra facilement, d'après tout ce qui a été dit précédemment, que l'on a :

$$\operatorname{tg}\alpha = \frac{\mathfrak{M}}{H}\,\frac{1}{R^3}\left(1 + \frac{a}{R^2}\right),$$

$$\operatorname{tg}\alpha' = \frac{\mathfrak{M}}{H}\,\frac{1}{R'^3}\left(1 + \frac{a}{R'^2}\right),$$

a étant une constante ne dépendant que des constantes physiques des objets en expérience ; en éliminant a on obtient :

$$\frac{\mathfrak{M}}{H} = \frac{R'^5\operatorname{tg}\alpha' - R^5\operatorname{tg}\alpha}{R'^2 - R^2}.$$

Une discussion plus approfondie sur la formule montrerait l'avantage de prendre R et R' dans le rapport de 1 à 1,30.

Cartes magnétiques. — Si, en divers points du globe, on relève les constantes magnétiques du lieu : déclinaison, inclinaison, intensité du champ terrestre, on reconnaîtra que, d'un lieu à un autre, ces constantes magnétiques varient. En reliant les points du globe qui ont même déclinaison, on obtient les lignes *isogones* (fig. 35), si ce sont les points de même inclinaison qui sont reliés, on obtient les lignes *isoclines*, enfin le lieu des points du globe ayant une même intensité donnée de champ est ce qu'on appelle une ligne *isodynamique*.

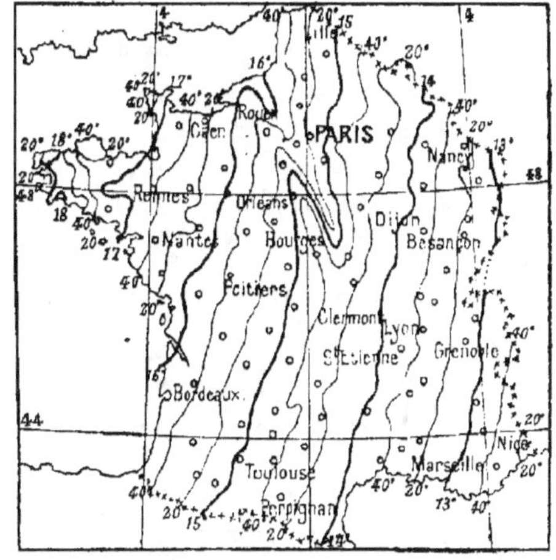

Fig. 35.

---

par conséquent :

$$\frac{\varphi'(r)}{\varphi(r)} = \frac{2}{r} \quad \text{et} \quad \varphi(r) = \frac{K}{r^2};$$

et finalement :

$$F = \frac{K.m.m_1}{r^2}.$$

Le principe de cette démonstration est dû à Gauss.

Les isogones ressemblent grossièrement à des méridiens, les isoclines ressemblent de façon approchée à des parallèles rapportées à un même axe légèrement incliné sur l'axe de révolution terrestre aboutissant à deux points du globe appelé les *pôles magnétiques terrestres*. L'inclinaison est de 90° aux pôles magnétiques en ces lieux, l'aiguille aimantée se tient verticalement; le pôle nord de l'aiguille est en bas au pôle magnétique boréal, l'inverse a lieu au pôle magnétique austral. La ligne d'isocline nulle est celle où l'inclinaison est nulle, on l'appelle aussi *équateur magnétique*; en tous les points de l'équateur magnétique, l'aiguille suspendue par son centre de gravité se tient horizontale naturellement.

La carte des isogones de France (fig. 35) indique que ces lignes la coupent du S.-S.-O. au N.-N.-E. Les lignes présentent dans le bassin de la Seine une forme singulière due à une perturbation locale.

Nous donnons, à titre d'exemple, les constantes du magnétisme à Paris au 1ᵉʳ janvier 1886 et 1900 :

VALEUR POUR PARIS	1ᵉʳ JANVIER 1886	1ᵉʳ JANVIER 1900	VARIATIONS AU COURS DE 1899
Déclinaisons........	16°3′5	14°47′56	— 3′89
Inclinaisons.........	65°45′7	64°55′2	— 2′3
Intensité horizontale.	0,1943 gauss	0,19711 gauss	— 0,00029
— verticale...	0,4217	0,42117	— 0,0001
— totale......	0,4644	0,46501	+ 0,00003

Au 1ᵉʳ janvier 1879, on avait pour intensité horizontale :

Paris	0,1932 gauss
Brest	0,1920
Toulon	0,2226
Alger	0,2488

Théories du magnétisme terrestre. — Biot, en 1804, a donné une représentation assez rudimentaire des effets du magnétisme terrestre en supposant l'existence au centre de la terre d'un aimant infiniment petit (?) dont l'axe ferait un angle d'environ 15° avec celui de l'axe de rotation N.-S. Gauss a donné du problème une solution plus générale en supposant les masses magnétiques qui produisent le champ terrestre réparties d'une façon quelconque.

D'après cette hypothèse, chaque point de la surface terrestre a un potentiel magnétique déterminé, le problème est ramené à une étude de distribution sur le globe terrestre ; on est conduit à tracer les lignes de niveau déterminées par l'intersection des surfaces équipotentielles avec la surface de notre globe. Gauss a démontré que, dans le cas général, ces lignes de niveau peuvent être exprimées algébriquement à l'aide de vingt-quatre coefficients, nous renvoyons évidemment aux traités spéciaux pour l'étude détaillée de ces théories spéciales.

Variations du magnétisme terrestre. — Le magnétisme terrestre varie journellement en un même point, mais chaque constante s'écarte peu d'une valeur moyenne autour de laquelle elle oscille ; ces valeurs moyennes varient avec le temps. On est donc en présence de deux sortes de variations : les variations diurnes et les variations séculaires, enfin nous devrons examiner les variations accidentelles qui correspondent ordinairement aux convulsions, grandes ou petites, de notre globe, c'est-à-dire qui s'échelonnent de l'aurore boréale (orage magnétique) aux tremblements de terre.

Les variations diurnes suivent des lois qui sont inconnues encore ; elles paraissent avoir une parenté certaine, *ce qui est naturel*, avec le mouvement relatif du soleil, de la lune et de tous les astres par rapport à notre petit sphéroïde, elles paraissent être influencées également par les perturbations locales des astres voisins et du soleil.

La déclinaison surtout subit des variations diurnes, elle présente chaque jour en un même lieu deux maxima et deux minima. L'aiguille aimantée varie moins la nuit que le jour, l'heure des élongations maxima de l'aiguille diffère d'un lieu à l'autre, elle ne dépend donc pas exclusivement du passage du soleil au méridien. A Paris, l'écart maximum de l'aiguille par rapport à la position moyenne a lieu vers une heure de l'après-midi.

Les variations séculaires de la position moyenne de l'aiguille en un lieu peuvent être représentées par une rotation continue et uniforme de l'axe magnétique autour de l'axe terrestre ; cette rotation a lieu dans le sens des aiguilles d'une montre pour un observateur debout au pôle Nord. La durée de la rotation serait de sept cent quarante ans.

A Paris, la déclinaison d'orientale devint nulle en 1662, pour devenir occidentale dès les années suivantes ; la déclinaison a sans cesse augmenté pendant cent cinquante années jusqu'en 1812, où elle a acquis la valeur maxima de 22°18′. Depuis cette époque la déclinaison, toujours occidentale, a décru sans cesse, elle sera nulle en 2030. L'inclinaison, depuis 1662, a toujours diminué lentement, il en sera ainsi pendant plus de cent vingt ans encore, c'est-à-dire jusqu'après 2030.

Les variations diurnes ou accidentelles sont relevées avec précision dans les observatoires à l'aide d'instruments spéciaux dont la description n'entre pas dans le cadre d'un ouvrage de ce genre. Cette réserve est nécessaire jusqu'au moment où l'histoire des diverses observations météorologiques cessera d'être le domaine exclusif des chercheurs, c'est-à-dire jusqu'à l'époque où il sera permis de faire découler tous les résultats des expériences antérieures et d'expliquer les phénomènes récemment mis en évidence à l'aide d'une *seule hypothèse normale, plus ou moins provisoire d'ailleurs, mais suffisante* pour tous les besoins scientifiques du moment.

CHAPITRE IV

Phénomènes généraux d'électromagnétisme.

Définitions de l'électromagnétisme.—Expérience d'Œrsted.—
L'électromagnétisme est la partie de la science électrique qui étudie
les manifestations extérieures des courants, c'est-à-dire les effets
produits par le courant *en dehors* du conducteur. Ces phénomènes
ont avec le magnétisme une parenté étroite, c'est même à ce lien
qu'est due la dénomination sous laquelle on a classé ces propriétés.
Les expériences d'Œrsted, d'Ampère et de Faraday ont fourni les
premières bases essentielles de la théorie de l'électromagnétisme.

Sous la même désignation, on range aussi les phénomènes
auxquels autrefois on appliquait l'épithète d'électrodynamiques.

Œrsted, en juillet 1820, constata qu'une aiguille aimantée N.-S.,
mobile autour d'un axe vertical (fig. 36), était déviée, lorsqu'on
lançait le courant dans un fil AB disposé
préalablement dans une position parallèle
à son axe magnétique. Si le courant est
puissant, la déviation de l'aiguille peut
atteindre un angle voisin de 100 grades.

Œrsted avait donné une règle com-
pliquée permettant de prévoir la déviation de l'aiguille, Ampère énonça la

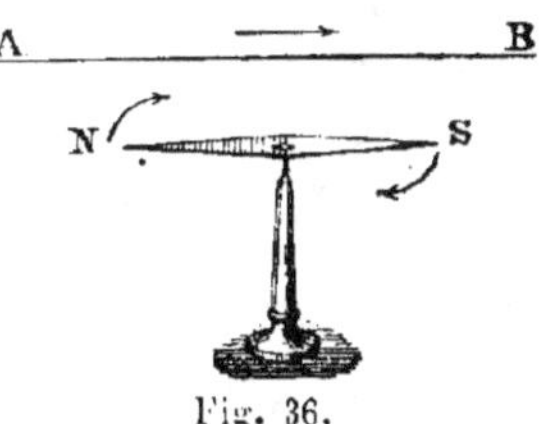

Fig. 36.

formule *unique* pour exprimer l'action d'un courant sur un aimant :

*Si l'on suppose un observateur couché dans le fil, de manière
que le courant entre par ses pieds et sorte par sa tête ; l'observateur, tournant la face vers l'aiguille, voit toujours le pôle nord
se porter à sa gauche.* Nous appellerons simplement ce côté : *la
gauche du courant.*

Aiguille astatique d'Ampère. — Dans l'expérience primitive
d'Œrsted, l'aiguille était déviée d'un angle différent de 100 grades,

car l'aiguille n'était pas seulement soumise à l'action du courant, elle était aussi soumise à l'action de la terre. Pour étudier l'action du courant *seul* sur l'aiguille, il fallait éliminer l'action de la Terre ; pour ce faire, Ampère employait une aiguille montée comme l'aiguille d'inclinaison, c'est-à-dire de manière à être mobile seulement autour d'un axe passant par son centre de gravité ; il donnait à cet axe la direction même du champ terrestre. Dans cette position, la terre n'avait sur l'aiguille aucune action, car son action directrice était, en effet, normale au plan dans lequel l'aiguille pouvait se mouvoir ; celle-ci est alors dans la position dite *astatique*.

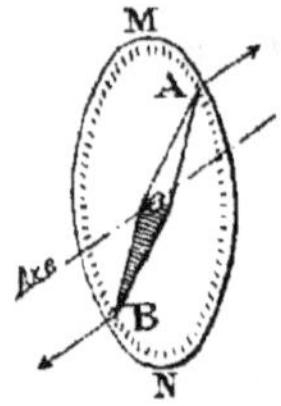

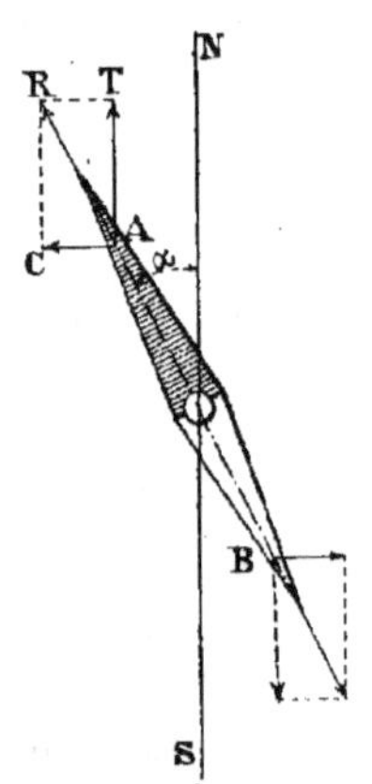

Fig. 37.

Si l'on dispose un courant parallèle à l'aiguille AB (fig. 37), on voit cette dernière se mettre exactement en croix avec le fil, il faut en conclure que l'action du courant s'exerce dans un plan perpendiculaire au fil conducteur et en sens opposé sur les deux pôles.

Action combinée de la Terre et d'un courant sur une aiguille. — Soit une aiguille aimantée mobile dans un plan horizontal ; si aucune action autre que celle de la Terre n'existe, cette aiguille prendra naturellement la direction N.-S. du méridien magnétique ; si l'on fait ensuite passer (fig. 38) un courant parallèle à l'aiguille, suivant NS, ce courant exercera une action normale à sa direction, alors que la Terre agit dans la direction N.-S. en tendant à ramener l'aiguille dans sa direction primitive. Sous l'effet de ces deux actions, l'aiguille prendra une certaine direction RAB intermédiaire entre la direction primitive et une direction normale à cette dernière.

L'expérience montre que pour une même position du fil et pour un courant laissé constant, la déviation est indépendante de l'aiguille, et, par suite, du degré d'aimantation des aiguilles étudiées ; ceci indique que les actions de la terre et du courant constant gardent entre elles un *rapport constant* et qu'ainsi *l'action du courant, tout comme celle du champ terrestre, est proportionnelle à la masse magnétique sur laquelle elle agit.*

Fig. 38.

Quand l'intensité du courant augmente, l'action de ce courant augmente aussi et la déviation de l'aiguille s'accroit; il est facile de s'en convaincre en mesurant le courant à l'aide de voltamètres. Nous verrons dans la suite la description de méthodes plus perfectionnées pour effectuer cette mesure. Le principe de la méthode de mesure électromagnétique du courant réside tout entier dans la propriété que possède le courant de dévier d'autant plus une aiguille aimantée que son intensité est plus grande. Sur ce principe est basé un appareil appelé *galvanomètre* par Ampère lui-même.

Schweigger a remarqué que, en enroulant un fil autour d'un cadre rectangulaire (fig. 39), on augmentait l'action du courant ; il est facile de s'en convaincre sur une spire à l'aide de la figure 39 ; on voit, en effet, que si l'on suppose au courant le sens des flèches, le pôle nord de l'aiguille est dé-vié en avant du tableau

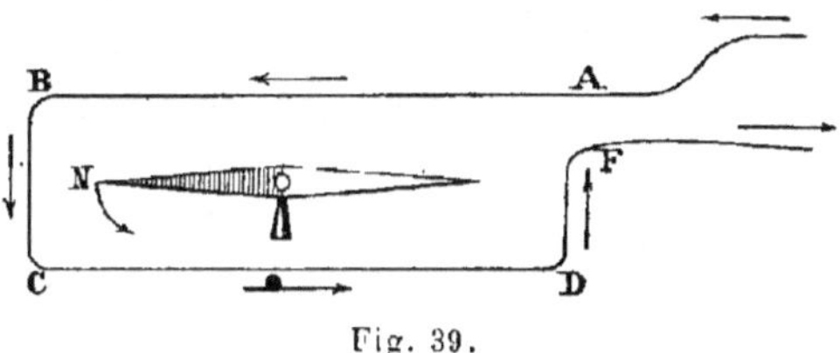

Fig. 39.

non seulement par l'action de la partie AB, mais aussi par celles de chacun des côtés du rectangle, puisque la gauche du courant est toujours située en avant de la figure.

Le cadre rectangulaire de Schweigger s'appelle un *multiplica-teur*, on utilise cette propriété dans la construction des galvano-mètres. Pour augmenter encore la sensibilité de ces appareils, on dispose à proximité de l'aiguille un aimant capable d'exercer une action de sens contraire à celle de la terre et peu différente en valeur absolue de l'action terrestre ; nous reviendrons d'ailleurs sur cette question.

Courants mobiles d'Ampère. — Si, dans l'expérience d'OErsted, on rend le conducteur mobile et l'aimant fixe, le conducteur doit tendre à tourner de manière à laisser le pôle nord de l'aimant à sa gauche. Ampère a illustré l'expérience au moyen de circuits d'une grande mobilité.

Le courant arrive à deux godets A et I (fig. 40) disposés sur une même verticale et remplis de mercure. Un fil conducteur ABCDEFGHI replié de façon que le centre de gravité de l'ensemble passe par la ligne des pivots en acier qui viennent plonger dans le mercure des godets. Un *seul* des deux pivots porte sur le fond des godets et sert au pivotage, l'autre plonge seulement dans le mercure sans frotter contre la paroi.

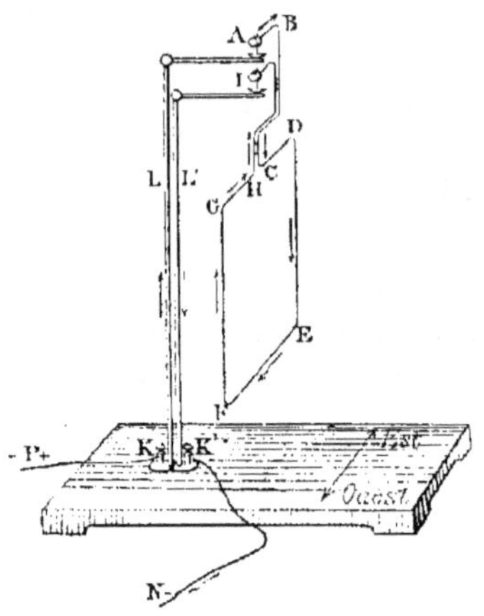

Fig. 40.

Si le cadre est rectangulaire et qu'on approche un aimant, il tend à se mettre en croix avec lui en laissant le pôle nord à sa gauche. Quand l'aimant est au centre du cadre, l'effet est maximum.

Sous l'action de la Terre, le cadre tend à se placer perpendiculairement au méridien magnétique. Dans la position d'équilibre (fig. 40 *bis*), le courant monte dans le fil qui s'est orienté du côté de l'ouest, il descend, au contraire, dans le fil qui se dispose du côté de l'est.

On appellé *face positive* la face du circuit qui se tourne vers le nord, et *face négative* celle qui regarde vers le sud.

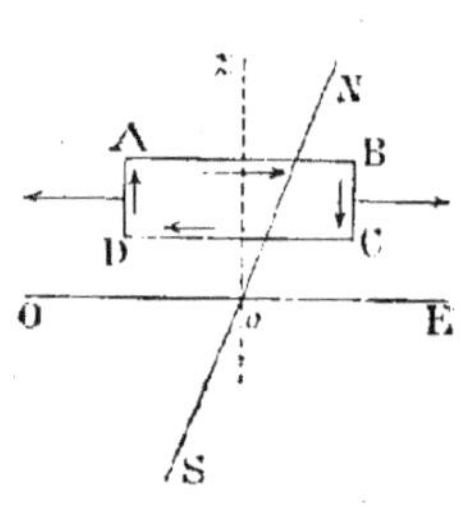

Fig. 40 *bis*.

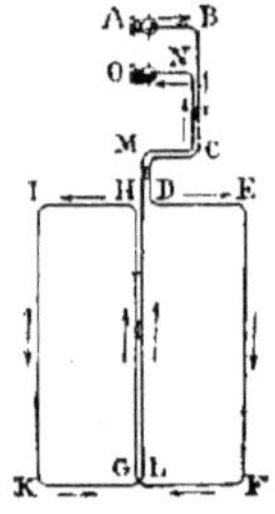

Fig. 41.

On peut obtenir des cadres indifférents à l'action de la Terre, on les appelle *astatiques*; la figure 41 donne un exemple de ces cadres, les deux rectangles EFLH et IKGD en lesquels le grand cadre est décomposé sont égaux, mais parcourus en sens contraire par le courant.

Actions des courants sur les courants. — Lois d'Ampère. — Les expériences effectuées avec les cadres mobiles conduisit Ampère à la découverte des lois très importantes qui régissent l'action des courants sur les courants.

Prenons un cadre astatique du modèle imaginé par M. E. Branly (fig. 42); ce cadre, dressé sur une base B'C', est mobile autour d'un pivot vertical passant par le centre de la base et relié électriquement à la borne B'; ce pivot est plongé dans un bain de mercure, lequel est relié électriquement à la borne D au pied de l'appareil; la borne C'

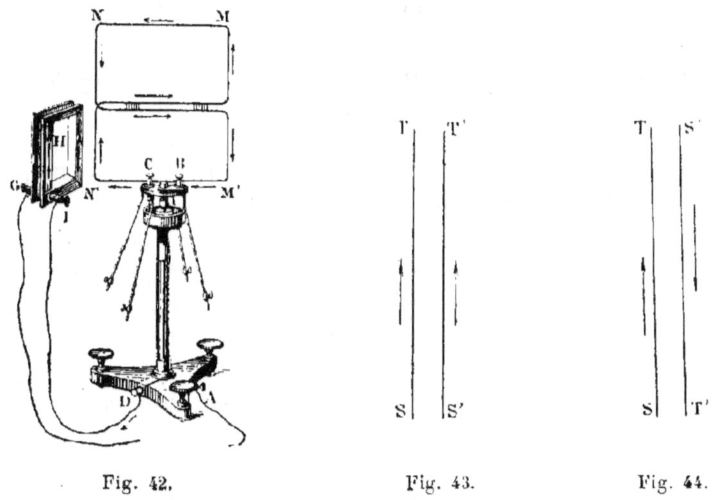

Fig. 42.   Fig. 43.   Fig. 44.

est l'extrémité d'une pointe verticale plongeant dans le mercure *sans frotter* contre les parois; ce bain de mercure communique électriquement avec la borne A au pied de l'appareil; cette borne A est reliée elle-même au pôle positif d'une pile (non indiquée sur la figure) et le circuit se ferme, comme l'indique la figure, par l'enroulement de fils conducteurs sur le cadre IHG; grâce à des contrepoids disposés à l'extrémité de tiges *t*, le centre de gravité de l'appareil est au-dessus du pivot, de sorte que le cadre peut être en équilibre stable sur sa base.

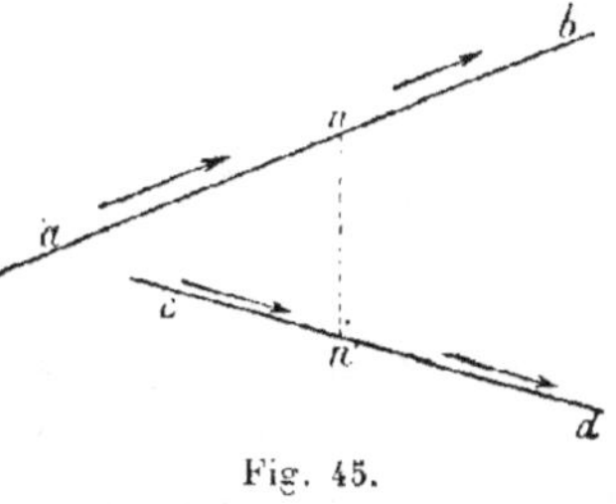

Fig. 45.

Si l'on approche un côté du cadre IHG des diverses parties du cadre fixe, on constate que :

1° Deux courants parallèles et de même sens s'attirent (fig. 43) ;

2° Deux courants parallèles et de sens contraire se repoussent (fig. 44) ;

3° Deux courants faisant un angle α s'attirent et tendent à se mettre dans la position de parallélisme, si tous deux s'approchent (ou s'éloignent) de la droite perpendiculaire commune, ils se repoussent si l'un des courants approche de la perpendiculaire pendant que l'autre s'en éloigne (fig. 45).

Courants sinueux. — Courants de sens contraires. — A l'aide des dispositifs précédemments décrits, Ampère a démontré facilement par l'expérience les deux théorèmes *importants* suivants que nous nous contenterons d'énoncer, le mode opératoire à adopter pour la démonstration étant évident :

1re LOI. — *Un courant sinueux, quant à son action sur les courants, ou sur un pôle d'aimant assez long pour qu'on puisse négliger l'action de l'autre pôle, est identique à un courant rectiligne ayant les mêmes extrémités et dont il s'écarte infiniment peu ; à la condition, toutefois, que le fil sinueux ne soit pas enroulé autour du fil rectiligne* (fig. 46).

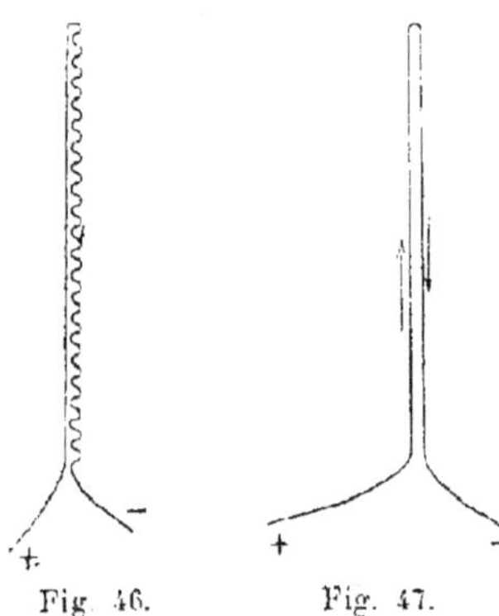

2e LOI. — *Deux courants égaux et de sens contraires produisent des actions égales et de sens contraires sur un pôle magnétique ou un courant* (fig. 47).

Cette dernière loi se vérifiera très facilement en repliant l'un contre l'autre les deux parties isolées d'un même fil parcouru par un courant. On constatera alors que l'action sur un cadre mobile d'Ampère ou sur un aimant est nulle.

Lois fondamentales de l'électromagnétisme. — Pour trouver l'action exercée par un courant formé sur un pôle magnétique et mettre en évidence que cette action peut être assimilée à celle d'un *feuillet magnétique* de même contour, on s'appuie ordinairement sur la loi élémentaire que Laplace déduisit des expériences de Biot et Savart. Maxwell prit comme point de départ l'équivalence d'un courant infiniment petit et d'un aimant. M. H. Poincaré (1) a employé une autre méthode, ce sera celle que nous suivrons, presque textuellement en certains points; nous nous écarterons de la méthode de M. Poincaré pour l'étude des actions élémentaires des courants sur un pôle.

Le raisonnement s'appuie sur trois lois démontrées déjà expérimentalement et sur une hypothèse très naturelle.

Les trois lois expérimentales sont les suivantes :

1° *Deux courants parallèles, de même intensité et de sens inverses, tracés sur une même ligne, exercent sur un pôle magnétique des actions égales et de signes contraires ;*

2° *Un courant sinueux exerce une action égale à celle d'un courant rectiligne qui aurait les mêmes extrémités ;*

3° *La force exercée par un courant sur un pôle magnétique est proportionnelle à l'intensité du courant, c'est-à-dire à la quantité d'électricité qui traverse une section du conducteur pendant l'unité de temps.*

Les deux premières ont été vérifiées par Ampère, comme nous venons de l'apprendre, la troisième a été vérifiée par de nombreuses expériences *a posteriori;* nous ne citerons que les plus précises obtenues par des mesures à l'aide du voltamètre.

Hypothèse admise. — Le circuit restant fixe, si nous considérons deux positions *voisines* du pôle magnétique unité, un travail a été *fourni* pour amener le pôle unité de la position (I) de coordonnées x, y, z, à la position (II) de coordonnées $x + dx, y + dy, z + dz;$ nous admettrons que ce travail peut être exprimé par l'accroissement *totale* d'une fonction de x, y et $z : \Omega (x, y, z)$. *Ceci est très naturel,* puisque ce travail ne doit dépendre, en somme, que de $x, y, z,$ étant rappelé que le circuit reste *fixe* et *invariable de forme* pendant le déplacement de (I) à (II). On a donc :

$$\text{Travail élémentaire fourni} = \frac{\partial \Omega}{\partial x} dx + \frac{\partial \Omega}{\partial y} dy + \frac{\partial \Omega}{\partial z} dz.$$

C'est le travail nécessaire pour effectuer le déplacement du pôle

---

(1) M. H. Poincaré. *Électricité et optique,* Naud, éditeur.

unité contre la résultante des forces électro-magnétiques qui agit sur lui; la force qui effectue ce travail a donc pour composantes :

$$\frac{\partial \Omega}{\partial x}, \quad \frac{\partial \Omega}{\partial y}, \quad \frac{\partial \Omega}{\partial z};$$

de sorte que la résultante des forces électromagnétiques a pour composantes :

$$-\frac{\partial \Omega}{\partial x}, \quad -\frac{\partial \Omega}{\partial y}, \quad -\frac{\partial \Omega}{\partial z}.$$

La fonction Ω s'appelle le potentiel du circuit parcouru par le courant. Cette hypothèse revient à admettre, il est facile de le voir, que le phénomène est régi par le principe de la conservation de l'énergie.

THÉORÈME I. — *Le potentiel dû à un circuit est égal à la somme des potentiels dus aux divers circuits suivant lesquels on peut le décomposer.*

Cette propriété découle immédiatement de la loi fondamentale des actions exercées par deux courants parallèles et de sens inverses.

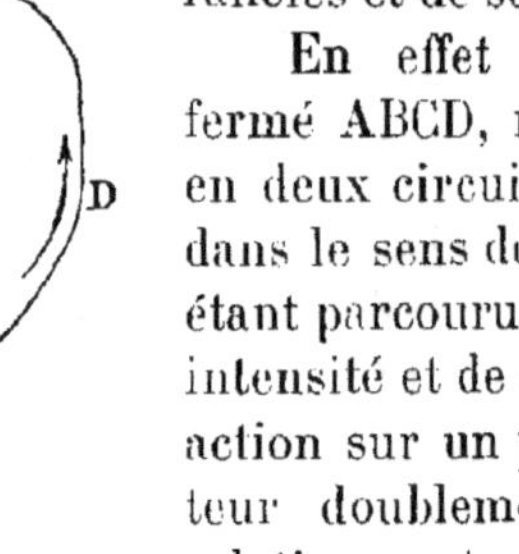

Fig. 48.

En effet (fig. 48), soit un courant fermé ABCD, nous pouvons le décomposer en deux circuits ABCA et ACDA parcourus dans le sens des flèches. Le conducteur AC étant parcouru par deux courants de même intensité et de sens inverse n'exerce aucune action sur un pôle magnétique, ce conducteur doublement parcouru est inexistant relativement au pôle, par conséquent, le potentiel du circuit total doit être égal à la somme des potentiels de chacun des circuits partiels ABCA et ACDA.

La généralisation de ce théorème est évidente (*loc. cit.*).

THÉORÈME II. — *Le potentiel d'un circuit fermé plan en un point extérieur au circuit, mais situé dans son plan, est nul.*

a) Supposons que le circuit possède un axe de symétrie OA (fig. 49), et plaçons un pôle magnétique en un point quelconque *extérieur* de cet axe. Soient A et B les points d'intersection de l'axe avec le circuit, le circuit ABCD pourra être remplacé par l'ensemble des deux circuits (fig. 49 *bis*) ACBA et ABDA. Si l'on fait tourner le circuit ACBA autour de OA sans le déformer, comme les positions relatives de O et des divers points de ce circuit parcouru par un courant constant restent invariables dans la rotation, le potentiel en O de ce circuit ACBA ne variera pas dans le mouvement ; le potentiel total dû aux deux circuits particls ABDA et ACBA restera

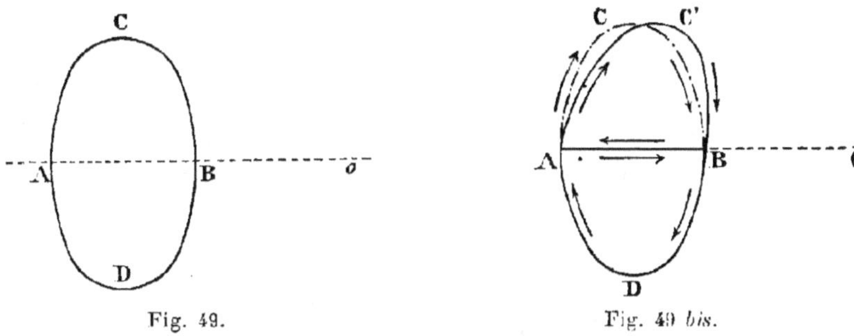

Fig. 49.   Fig. 49 bis.

donc constant ; or, après une rotation de 200 grades, le circuit mobile s'appliquera sur le circuit resté immobile et l'ensemble constituera un circuit parcouru par un courant nul, le potentiel en O sera donc nul et, comme il est resté constant dans le mouvement, on en conclura que le potentiel en O de ACBD est nul.

En réalité, on devrait conclure que le potentiel de la masse unité située en O ne dépend pas du circuit ACBDA, autrement dit que la valeur de ce potentiel est *nulle à une constante près* dépendant des déplacements de la masse unité dans l'espace *antérieurement* à son passage en O.

b) Si le circuit a la forme d'un rectangle curviligne BCDE (fig. 50), formé par les arcs de cercle BC et DE et par les portions BE et CD des rayons BO et CO, le potentiel en O est nul, puisque ce point appartient à l'axe de symétrie de la figure.

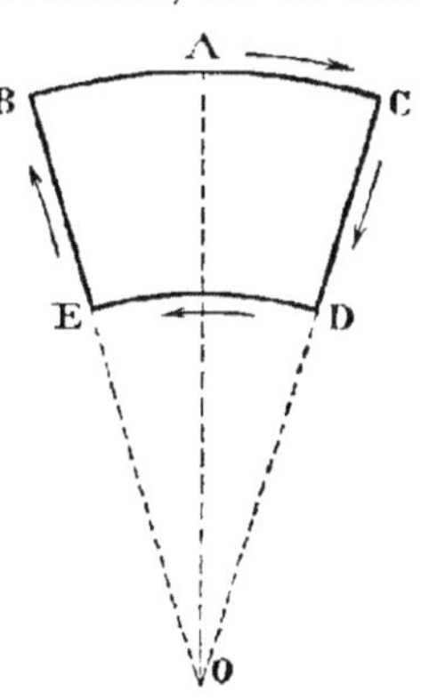

Fig. 50.

c) Quand le circuit fermé se compose d'une série d'arcs de cercle concentrique AB, CD, EF..... (fig. 51) réunis par des portions rectilignes CB, DE,... passant par le centre commun O, le potentiel en ce point est évidemment nul, d'après ce qui précède et d'après le théorème I.

d) Dans le cas général d'un circuit plan de forme quelconque (fig. 52), nous opérerons de la façon suivante. Prenons sur le circuit des points très voisins A, B, C..., etc., et, par ces points, faisons

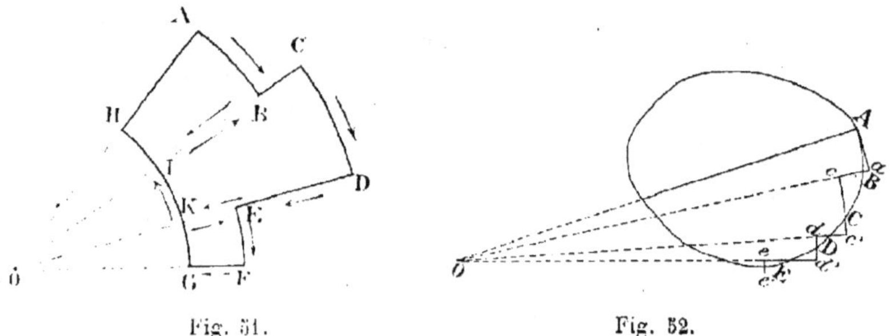

Fig. 51.   Fig. 52.

passer des arcs de cercle ayant pour centre un point quelconque O du plan du circuit. En menant par O un nombre égal de rayons convenablement choisis, nous pourrons former un circuit fermé A*acc'dd'ee'*... dont les divers éléments sont très rapprochés des éléments du circuit donné. D'après le principe des courants sinueux, l'action de ces deux circuits sur un pôle magnétique est la même. Or, nous venons de voir que le potentiel en O dû au courant sinueux composé d'arcs de cercle concentriques et de portions rectilignes dirigées vers le centre est nul. Par suite, il en est de même pour le circuit de forme curviligne que ce circuit sinueux remplace.

THÉORÈME III. — *Quand un circuit fermé est tracé sur la surface latérale d'un cône, de telle manière que chacune des génératrices du cône rencontre le circuit un nombre pair de fois (zéro pouvant être un de ces nombres pairs), le potentiel du sommet du cône, supposé non enveloppé par*

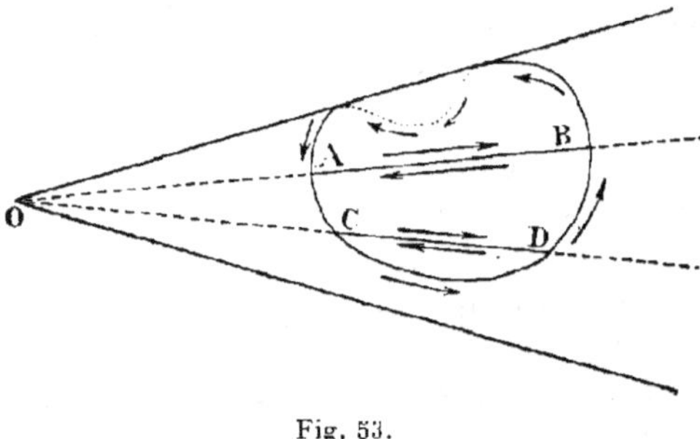

Fig. 53.

circuit, est nul.

En effet, en traçant sur la surface du cône (fig. 53) des génératrices *infiniment voisines*, nous pouvons décomposer le circuit en éléments plans tels que ACDBA. Le point O étant situé dans le plan de chacun de ces circuits partiels, le potentiel en ce point dû à l'un quelconque d'entre eux est nul ; la somme de ces potentiels, c'est-à-dire le potentiel dû au circuit total, est donc nul (*loc. cit.*).

THÉORÈME IV. — *Quand deux circuits fermés, tracés sur la surface latérale d'un cône et coupant toutes les génératrices au moins une fois, sont parcourus par des courants de même intensité et de même sens par rapport à un observateur placé au sommet du cône, le potentiel en ce point a la même valeur pour chacun des circuits.*

Soient ACE et BDF (fig. 54), les deux circuits parcourus par des courants dont le sens est indiqué par les flèches placées extérieurement. Si, de plus, nous supposons ces circuits parcourus en même temps par des courants égaux en intensité, mais dont le sens, indiqué par les flèches intérieures, est contraire à celui du courant réel qui les traverse, le potentiel en O dû à l'ensemble de ces quatre courants est évidemment nul. Il sera encore nul si nous ajoutons à ces courants des courants de même intensité, mais de

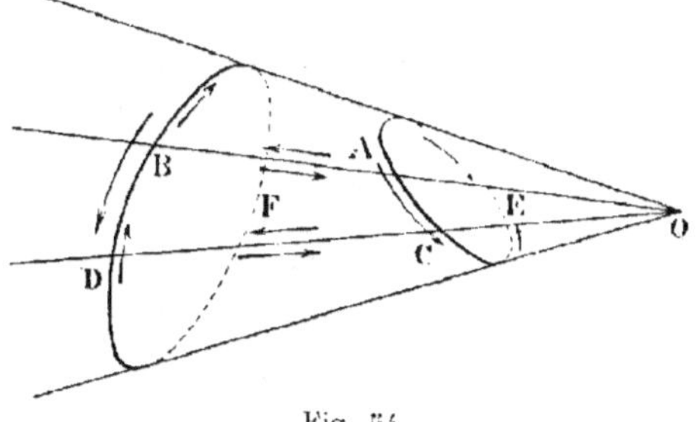

Fig. 54.

sens différents, parcourant deux génératrices quelconques du cône AB et CD, comme l'indique la figure 54. Comme l'intensité est la même pour tous les circuits, nous pouvons considérer le système comme formé :

1° Du circuit fermé ACDB parcouru dans le sens des lettres ; 2° du circuit fermé ABFDCEA ; 3° du circuit BDF ; 4° du circuit AEC. L'ensemble du potentiel en O dû à chacun des deux premiers circuits est nul, en vertu du théorème précédent. Le potentiel dû à l'ensemble du troisième et du quatrième circuit est donc nul, et, par conséquent, le potentiel résultant du circuit BDF parcouru par le courant réel est égal, mais de signe contraire, au potentiel résultant du circuit AEC parcouru par le courant fictif de sens contraire au courant réel qui traverse ce circuit. Quand le circuit ACE est parcouru par le courant réel, il déterminera donc en O un potentiel égal à celui du courant de même intensité et de même sens qui traverse BDF.

Faisons observer, d'ailleurs, que les deux circuits considérés, au lieu d'être placés sur la surface du même cône, comme nous venons de le supposer, pourraient appartenir à deux cônes distincts mais *superposables (loc. cit.).*

Potentiel d'un courant fermé. — Unité électromagnétique d'intensité *(loc. cit.).* — Prenons un circuit fermé quelconque parcouru par un courant et cherchons le potentiel en un point O extérieur au circuit.

Du point O, comme sommet, traçons un cône s'appuyant sur le contour du circuit. Ce cône découpera, sur la surface de la sphère de rayon unité (fig. 55), une surface dont la valeur φ mesure l'angle solide sous lequel le circuit est vu du point O. Nous allons décom-

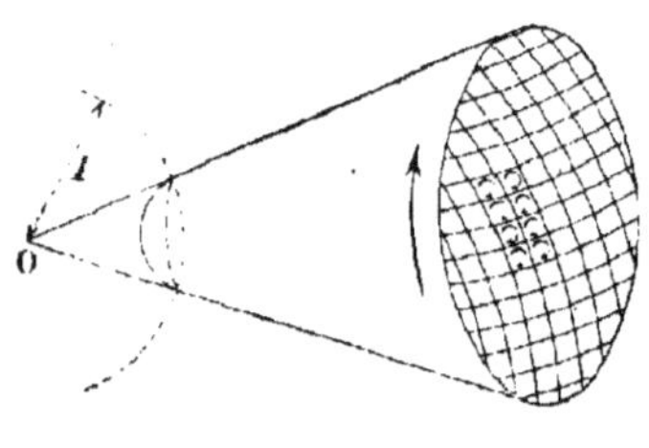

Fig. 55.

poser ce cône en une infinité de cônes infiniment déliés, *chacun de même angle solide*, puis, supposer le circuit donné décomposé en une infinité de petits circuits fermés tracés sur la surface de ces cônes, comme schématiquement l'indique la figure 55 (1). Les cônes de même angle solide, étant infiniment petits,

peuvent être choisis superposables et le potentiel en O est le même pour chacun des circuits tracés sur la surface de l'un d'eux. Le potentiel du circuit total est la somme de ces potentiels; il est donc proportionnel au nombre des cônes élémentaires et par suite à l'angle solide φ.

Mais, d'après la troisième loi fondamentale que nous avons énoncée, l'action exercée par un courant fermé sur un pôle d'aimant est proportionnelle à l'intensité de ce courant; par conséquent, *en négligeant la constante d'intégration dans l'expression de la fonc-*

---

(1) Il est facile de voir que l'ensemble de tous ces circuits élémentaires, supposés parcourus par un même courant *i* se réduit bien au circuit donné, supposé parcouru par ce même courant *i*, car les courants qui parcourent les parties élémentaires des circuits intérieurs-auxiliaires s'entredétruisent deux à deux manifestement.

tion potentielle (constante à laquelle nous avons fait allusion au théorème II), cette fonction doit également être proportionnelle à l'intensité du courant. Nous pouvons donc écrire

$$\Omega = \varphi . i,$$

l'intensité étant mesurée au moyen d'une unité telle que le coefficient de proportionnalité soit égal à 1, *unité que l'on appelle unité électromagnétique d'intensité.*

L'action d'un circuit sur un pôle magnétique changeant de signe quand on change le sens du courant qui le traverse, le signe de φi doit dépendre du sens du courant. Appelant *face positive* du circuit celle qui se trouve à la gauche d'un observateur placé sur le circuit, dans le sens du courant et tourné vers l'intérieur du circuit, *on convient* de donner à la valeur de l'angle solide le signe $+$, ou le signe $-$, suivant que c'est la face *positive*, ou la face opposée, qui est vue du point considéré. En adoptant cette convention et celle qui consiste à regarder comme positive une force attractive, comme négative une force répulsive, les composantes de la force exercée par un courant fermé sur l'unité positive du pôle sont données par les relations déjà écrites :

$$\alpha = - \frac{\partial \Omega}{\partial x}, \quad \beta = - \frac{\partial \Omega}{\partial y}, \quad \gamma = - \frac{\partial \Omega}{\partial z}.$$

La face *positive* est ainsi celle qui repousse la *masse positive* et inversement.

Action d'un pôle sur un élément de courant. — Un courant fermé agit sur un pôle, c'est ce que nous venons de voir; or, en vertu du principe de l'égalité de l'action et de la réaction, un pôle agit sur un circuit fermé. On étudiera d'abord l'action d'un pôle sur un élément de courant ; ce problème ne correspond à aucune réalité, *car un élément de courant ne peut exister seul,* mais la loi peut être utile pour l'étude des actions électromagnétiques, et, de plus, la loi de Laplace fait partie de l'enseignement classique de l'électricité. Nous ne suivrons pas ici la méthode donnée par M. H. Poincaré. Nous allons déterminer successivement :

a) *La direction de l'action d'un pôle* O *sur un élément de courant* mn *orienté, de telle sorte que* mOn *soit un triangle isocèle.*

b) *La valeur de l'action d'un pôle O sur un élément de courant orienté de telle sorte que mOn soit un triangle isocèle.*

c) *Direction et valeur de l'action d'un pôle O sur un élément de courant orienté de façon quelconque.* (Loi de **Laplace**.)

a) Si l'élément de courant *mn* est disposé de telle sorte que *mOn* soit un triangle isocèle, nous pourrons, en enveloppant un cône de révolution par le plan qui contient *mOn*, de façon que O coïncide avec le sommet du cône, constater que *mn* est sur un parallèle de ce cône de révolution (fig. 56) ; nous pouvons donc le considérer comme une portion élémentaire du circuit circulaire AmnBA parcouru par le même courant. Faisons tourner tout le circuit d'un angle quelconque autour de l'axe du cône, ce circuit se trouvera à chaque instant de la rotation dans une position *identique par rap-*

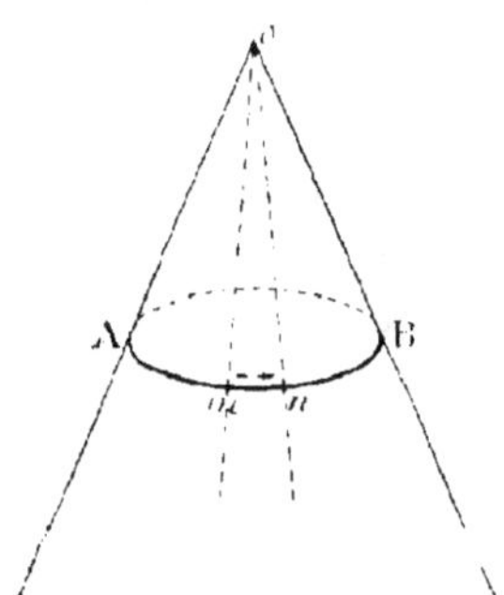

Fig. 56.

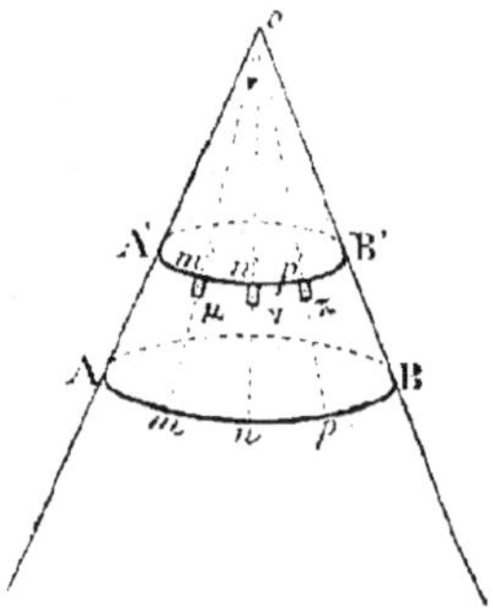

Fig. 57.

port à O; autrement dit, un observateur placé en O *verra* le circuit toujours de la même façon à chaque instant de la rotation; le travail est donc nul, ce que nous savions d'ailleurs autrement en vertu des théorèmes précédents, puisque le circuit n'a pas quitté le cône; mais étant donnée la symétrie absolue par rapport à O de tous les éléments qui composent le circuit, le travail de chaque élément devra être nul séparément, c'est-à-dire que la force agissante devra être *perpendiculaire* à la direction du déplacement qui n'est autre que la direction *mn*.

Laissons le circuit précédent AmnBA en sa place (fig. 57) et considérons sur le cône un autre *parallèle* plus court A'm'n'B'A'; joignons O à *m* et à *n*, puis partageons ainsi tout le parallèle AmnBA et son correspondant A'm'n'B'A' par des génératrices équidistantes, c'est-à-dire telles que les angles mOn et nOp soient égaux (nous n'avons dessiné que trois génératrices pour ne pas surcharger la figure inutilement). Nous aurons évidemment :

$$mn < m'n' + m'm + n'n,$$

ou :

$$mn - m'n' < 2\,m'm\,;$$

ou encore :

$$\frac{mn - m'n'}{2} < m'm,$$

de sorte que si, sur Om, nous portons une longueur $m'\mu$ dans le sens $m'm$ égale à $\dfrac{mn - m'n'}{2}$, et, sur On, une même longueur $n'\nu$ dans le sens $n'n$, les points μ et ν seront compris, l'un entre m et m', l'autre entre n et n', de plus :

$$\mu m' + m'n' + n'\nu = mn.$$

Si donc, on procède de même sur chaque élément, on pourra dire que le contour $A'\ldots m'\mu\, n'\nu p'\pi\ldots B'\ldots A'$ a la même longueur que $A\ldots mnp\ldots B\ldots A$, ou bien que le premier contour n'est autre que le second replié sur *la surface du cône* suivant une certaine loi régulière.

Ceci posé, en faisant glisser le contour $A'\ldots m'\mu\, n'\nu p'\pi\ldots B'\ldots A'$ sur la surface du cône de façon que les points $\mu,\nu,\pi\ldots$ se déplacent avec *la même vitesse* sur les génératrices et que les milieux des segments tels que $m'n'$ se déplacent également sur des génératrices (ce qui n'est pas surabondant comme nombre de conditions), il arrivera un moment où le contour mobile, dont tous les points se seront *constamment* éloignés de O dans le mouvement, sera venu s'appliquer *exactement* sur le contour $A\ldots mnp\ldots B\ldots A$. Si ces contours sont parcourus par des courants égaux et dirigés dans le même sens de rotation autour de l'axe du cône, ces deux contours pouvant être considérés comme deux positions successives d'un même circuit, le travail nécessaire au déplacement sur le cône du même circuit de la position de départ à la position d'arrivée est *nul* en vertu du théorème IV. Or, tous les éléments sont *identiques* et *identiquement disposés* par rapport à O, de plus, leurs déplacements sont superposables et de même sens, de sorte que le travail élémentaire de *chaque élément* de courant est nul pour le déplacement considéré; il est donc nécessaire que la force soit normale à la direction du déplacement, c'est-à-dire à la génératrice du cône.

De ce qui précède, il résulte que la force agissant sur un élément tel que *mn* est perpendiculaire au plan déterminé par cet élément et le pôle O (1).

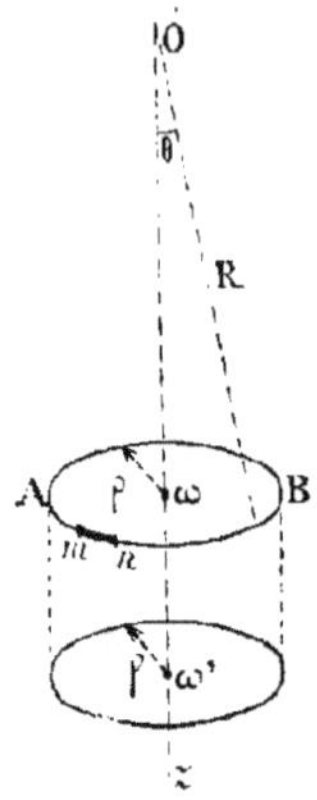

On s'assurera facilement que la *résultante* de toutes les actions élémentaires passe par le sommet du cône (ou par le pôle), comme le veut d'ailleurs le principe de l'égalité de l'action et de la réaction ; si le principe paraît en défaut pour l'action élémentaire de O sur *mn*, c'est qu'un *élément de courant* considéré *seul* n'a aucune réalité physique.

b) Soit *mn* disposé sur le cône de révolution de sommet O, d'axe Oz (fig. 58), soit ρ le rayon du parallèle et R la distance de O à *mn*. En O, est supposé placé le pôle magnétique unité.

Fig. 58.

Si, du point O, nous menons une sphère de rayon R, cette sphère aura une calotte dont A*mn*BA sera le contour de base, la surface de cette calotte sera :

$$S = 2\pi.R\,(R - O\omega) = 2\pi.R.(R - z).$$

L'angle solide sous lequel on voit A*mn*BA du point O est donc :

$$\varphi = \frac{2\pi\,(R - z)}{R} = 2\pi\,(1 - \cos\theta)\,;$$

θ étant le demi-angle au sommet du cône de révolution.

---

(1) En réalité, la conséquence de ce qui précède serait logiquement celle-ci : Le système de forces agissant sur un élément de courant tel que *mn* se réduit à l'ensemble d'une force et d'un couple :

1° Une force normale au plan déterminé par cet élément et le pôle O.

2° Un couple dont l'axe est dans ce plan déterminé par cet élément et le pôle O. On arriverait, en poursuivant le raisonnement sur cette base — ce que le lecteur pourra faire — à une autre loi élémentaire que celle de Laplace à laquelle nous allons aboutir. On verrait que la valeur du couple présenterait une indétermination comme grandeur numérique, en sorte que, l'hypothèse du début de M. Poincaré étant donnée, on en peut déduire un nombre infini de systèmes de relation véctorielle entre un élément de courant et un pôle, et la loi de Laplace apparaît bien ainsi comme une solution choisie arbitrairement parmi l'infinité de solutions satisfaisant à l'hypothèse. Le seul mérite qu'elle puisse avoir actuellement aux yeux des physiciens, c'est d'être la plus simple et la plus facile à manier dans les opérations. On voit également que la forme du raisonnement, prenant l'hypothèse de M. Poincaré comme base, est préférable à celle qui consiste à admettre à priori la loi de Laplace, puisqu'une *infinité* de lois du genre Laplace permet d'arriver à cette même hypothèse qui ne préjuge rien ainsi de la nature des relations des éléments infiniment petits entre eux.

Déplaçons le circuit parallèlement à lui-même, de façon que Oz reste un axe de symétrie, puis appelons dz le déplacement; nous aurons pour expression du travail à effectuer contre les forces agissant sur les éléments du circuit :

$$d\mathcal{C} = + \, d\Omega = + \, id\varphi = + \, 2\pi . i . \sin\theta . d\theta,$$

ou :

$$d\mathcal{C} = + \, 2\pi . i \frac{\rho}{R} \, d\theta,$$

or, si f est la valeur de l'action du pôle magnétique sur l'unité de longueur du contour, on aura, en remarquant que toutes les actions élémentaires font, d'après ce que nous avons démontré déjà, un angle avec l'axe Oz égal à :

$$\left(\frac{\pi}{2} - \theta\right)$$

$$d\mathcal{C} = 2\pi . \rho . f \times \sin\theta \times dz$$
$$= 2\pi . \frac{\rho^2}{R} . f . dz.$$

En égalant les deux valeurs de $d\mathcal{C}$, on a :

$$f = + \, \frac{d\theta}{dz} \times \frac{i}{\rho}$$

or :

$$\operatorname{tg}\theta = \frac{\rho}{z}, \quad \frac{d\theta}{dz} = - \rho \, \frac{\cos^2\theta}{z^2} = - \rho \, \frac{1}{R^2}$$

et, par conséquent, l'action par unité de longueur sera :

$$f = - \frac{i}{R^2};$$

l'action sera par conséquent en valeur absolue :

$$\frac{i . ds}{R^2},$$

sur l'élément de courant mn de longueur ds.

Ainsi : *Lorsque l'élément* ($mn = ds$) *de courant* i, *qui subit l'action du pôle magnétique unité situé en* O, *est orienté de telle sorte que* mOn *soit un triangle isocèle, la force agissant sur* mn *est perpendiculaire au plan* mOn *et égale au produit par* i.ds *de l'inverse du carré de la distance de* O *à* mn. C'est la loi de Laplace dans un cas particulier; le sens même de la force agissante restant encore à déterminer.

c) Considérons, dans un plan, un triangle isocèle infiniment petit S*mn*; supposons que le pôle magnétique unité soit situé en O sur la bissectrice de l'angle au sommet S (fig. 59), supposons ce circuit parcouru par un courant *i*; lorsque ce circuit se déplacera dans son plan, le potentiel de ce circuit en O restera constamment nul, donc le travail nécessaire pour déplacer le circuit dans le plan contre les forces électromagnétiques est nul; c'est-à-dire que la résultante des forces élémentaires agissant sur chaque petite portion de circuit aura *une composante nulle dans le plan.*

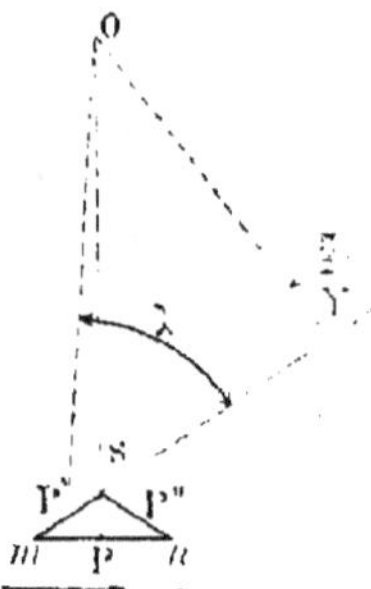

Fig. 59.

Comme la force agissant sur *mn* est normale au plan, en vertu de ce que nous avons vu plus haut, il faudra que la résultante des actions agissant sur les éléments S*m* et *n*S ait une composante nulle dans le plan. Or, si, autour de l'axe OP, on replie la figure de façon que *n* vienne s'appliquer en *m*, on voit que les éléments *n*S et S*m* dans leur nouvelle position sont géométriquement coïncidents, mais sont parcourus par *des courants de sens contraires*, de sorte que les actions du pôle sur ces éléments (dans leur position de coïncidence) sont égales, mais *opposées;* il en résulte que, dans la position naturelle, les actions du pôle sur ces éléments sont égales et *dirigées dans le même sens.* Pour que la composante de la résultante de ces deux actions suivant le plan soit nulle, il faut que chacune de ces actions parallèles soit *normale au plan.*

Ceci posé, la résultante des actions agissant sur chacun des éléments devra passer par le pôle O, en vertu du principe de l'égalité de l'action et de la réaction, il suffira d'écrire que le moment de ces forces par rapport à O est nul, on aura en appelant *f* la force normale agissant en P' et P" sur S*m* et *n*S :

$$- \frac{i \cdot mn}{\mathrm{OP}^2} \times \mathrm{OP} - f \times \mathrm{OP}'' - f \times \mathrm{OP}' = 0,$$

ou encore :

$$- \frac{i \cdot mn}{\mathrm{OP}} - 2 . f . \mathrm{OP}' = 0. \tag{α}$$

On a, d'autre part, entre infiniment petits du premier ordre, l'identité suivante à un infiniment petit près du *deuxième ordre* :

$$\text{Aire } (mOn) = \text{Aire } (mOS) + \text{Aire } (SOn),$$

ou :

$$\text{Aire } (mOn) = 2 \text{ Aire } (mOS),$$

ou encore :

$$mn \times OP = 2 . mS \times OP' \times \sin\lambda, \qquad\qquad (\beta)$$

en appelant λ l'angle de OP' avec l'élément mS, des deux égalités (α) et (β), on déduit immédiatement :

$$f = - \frac{i . mS . \sin\lambda}{\overline{OP}^2},$$

or, $\overline{OP}$ diffère d'un infiniment petit de OP', et on a ainsi :

$$f = - \frac{i . mS . \sin\lambda}{OP'^2}.$$

Nous avons démontré, en somme, la loi connue en électromagnétisme sous le nom de loi de Laplace, toutefois nous connaissons bien la direction de la force et son intensité, mais nous n'avons pas encore précisé le sens dans lequel on doit porter cette force.

Cette force est la réaction de l'action d'un élément de courant sur un pôle, cette remarque combinée avec la règle d'Ampère va nous permettre de déterminer le sens cherché. Si un observateur est couché dans le fil parcouru par le courant de manière que le courant entre par ses pieds et sorte par sa tête, cet observateur tournant la face vers l'aiguille aimantée *mobile* verra le pôle nord se porter à sa gauche. Si c'est le pôle nord qui est fixe et le courant mobile, l'observateur placé dans le fil, comme il est dit plus haut, se sentira déplacé vers la droite.

Nous pouvons donner maintenant, en toute sa généralité, l'énoncé de la loi de Laplace, en remarquant que si l'on place en O une masse m au lieu de la masse unité, l'action de cette masse m sera m fois plus considérable que l'action de la masse unité comme nous l'avons vu au début de l'électromagnétisme.

Loi de Laplace (1). — *L'action d'un pôle de masse* m *sur un élément* ds *de courant* I *est donnée par la formule*,

$$f = \frac{m.\mathrm{I}.ds.\sin\lambda}{r^2},$$

---

(1) La loi de Laplace a conduit à des conséquences toujours vérifiées, elle peut ainsi être appliquée sans crainte d'une manière générale, mais, d'une façon absolue, rien ne permet de la considérer comme exprimant *la loi naturelle* de l'action d'un aimant sur un élément de courant.

Au début de l'électromagnétisme, nous avons dit, avec M. Poincaré, que nous allions prendre comme bases trois lois vérifiées par l'expérience et une hypothèse; or, M. Poincaré, en faisant cette hypothèse, remarque qu'elle est en accord avec le principe de conservation de l'énergie, en ajoutant qu'elle n'est pas certainement la seule explication mécanique que l'esprit puisse concevoir ; de plus, dans le courant de la démonstration, nous avons appliqué le principe de l'égalité de l'action et de la réaction et nous sommes arrivés à une loi dont les conséquences ont été toujours vérifiées dans l'application depuis près d'un siècle. Nous sommes donc bien en présence du cas élucidé par M. Poincaré dans la préface de son ouvrage *Electricité et Optique*, cas que nous avons rappelé au début du fascicule n° 1, au cours de la préface de l'*Encyclopédie* : « Si un phénomène comporte une explication *mécanique complète*, il en comporte une infinité d'autres, qui rendront également compte de toutes les particularités révélées par l'expérience. » La loi de Laplace résume, pour l'électromagnétisme, cette explication *mécanique complète*, mais rien n'indique qu'elle *préside réellement* aux phénomènes.

Généralement, on énonce comme une loi empirique la loi de Laplace, puis on démontre seulement qu'elle explique certains phénomènes, telle l'expérience de Biot et Savart que nous exposerons plus loin et qui est l'*experimentum crucis* pour cette loi. Comme justification générale de la loi, le fait de prouver qu'elle prévoit quelques phénomènes particuliers constitue une argumentation un peu faible, et on peut dire plus exactement que la loi de Laplace est justifiée *a posteriori* par les applications qu'on en fait. Nous avons donc admis, avec M. Poincaré, une hypothèse que justifie d'ailleurs ce principe de simplicité énoncé par M Boussinesq, principe que nous avons rappelé dans la préface au début du fascicule n° 1, nous sommes ainsi retombés sur l'énoncé de la même loi de Laplace ; il faut bien se rendre compte que, nous non plus, nous n'avons pas justifié notre base, sous le point de vue philosophique général, mais seulement pour nos besoins scientifiques actuels; nous avons seulement remplacé l'acte de foi à son égard par un autre acte de foi à l'égard d'une hypothèse se présentant, il est vrai, sous des formes plus adéquates à nos idées mécaniques modernes.

En réalité, comme le faisait remarquer Vaschy dans ses cours, il y a déjà vingt-cinq ans : « Il ne semble pas d'ailleurs qu'il y ait lieu de rechercher une véridique loi élémen-« taire relative à l'action d'un courant sur un aimant, c'est-à-dire une loi représentant une « véritable action de chaque élément isolé *ds* sur l'aimant. On ne peut, en effet, avoir un « courant qui ne soit pas fermé, ni faire abstraction du reste d'un aimant pour étudier « l'action d'un pôle seul. De même un corps élastique (telle une masse gazeuse dans un bal-« lon d'enfant) étant en équilibre sous l'action de forces diverses appliquées à sa surface, et « chaque élément de volume subissant une compression θ, il n'y aurait pas lieu de chercher « quelle est la part de cette compression qui revient à chacune des forces élémentaires « appliquées à la surface. *Le problème ainsi posé serait susceptible d'une infinité de sys-« tèmes de solutions différentes au point de vue de l'effet élémentaire, mais équivalents « au point de vue de l'effet résultant.* » Ces conséquences s'appliquent également, en électrodynanique, à la loi d'Ampère. (*Loc. cit.*)

Une question se pose : Pourquoi alors énoncer une loi qui n'a aucune réalité physique. C'est que les applications du calcul infinitésimal l'exigent ainsi, mais de même que, sur chaque égalité entre infiniment petits (n'ayant pas de parenté, eux aussi, avec le monde réellement sensible), on commet une erreur sans que les *résultats intégraux cessent d'être*

m *étant la masse magnétique du pôle,* ds *la longueur de l'élément,*
r *la distance du pôle au milieu
de l'élément, enfin* λ *l'angle de
l'élément* ds *avec la droite* r.
*Cette action est appliquée au
milieu de l'élément, perpendiculairement à sa direction et à la
droite* r *et dirigée, pour l'observateur d'Ampère placé dans l'é-
lément, à droite s'il regarde le
pôle, à gauche s'il regarde dans la direction* OP *de la force magnétique* (fig. 60).

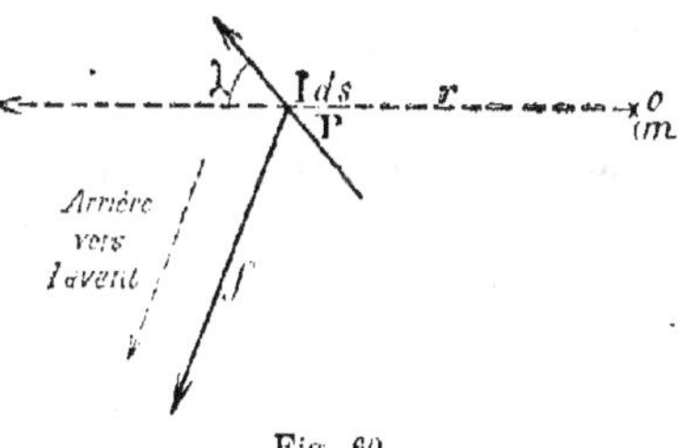

Fig. 60.

Action d'un champ magnétique sur un élément de courant. —
Dans l'expression de f, la quantité $\dfrac{m}{r^2}$ est la valeur $\mathcal{H}$ du champ
magnétique déterminé par m au point P, milieu de l'élément. Pour
obtenir l'action exercée par un pôle O de masse m sur un élément
de courant I.ds, il faut déterminer le vecteur d'intensité $\dfrac{m}{r^2}$ du pôle
sur une masse magnétique égale à l'unité placée au milieu P de
l'élément, puis projeter cette force sur le plan π normal en P à
cet élément; enfin, dans ce plan, faire tourner le vecteur projeté d'un

---

légitimes, de même, il n'est pas nécessaire de savoir si les lois élémentaires, du genre de
celle de Laplace, sont, ou non, conformes à la vérité, mais il est seulement indispensable
d'être convaincu qu'avec leur aide on parviendra à des résultats légitimes sur lesquels on
pourra tabler, sans aucun doute, dans l'esprit. La loi généralisée entre un élément de
courant et un pôle à laquelle nous faisions allusion dans une note en renvoi à une des
précédentes pages aurait l'énoncé suivant, comme le lecteur pourra le vérifier en établis-
sant les démonstrations faciles nécessaires :

L'action d'un pôle de masse m sur un élément ds de courant I se compose d'une force
et d'un couple. La force est celle indiquée par Laplace, le couple a pour direction d'axe la
perpendiculaire menée, dans le plan de l'élément et du pôle, au vecteur unissant le pôle à
l'élément; l'orientation de l'axe de ce couple est telle que la direction positive de la force
de Laplace, la direction (ds, m) et la direction positive de l'axe du couple déterminent un
trièdre trirectangle répondant à une règle du type de celle des trois doigts de Fleming que
nous énoncerons ci-après. La valeur de l'axe de ce couple est égale à l'intensité de
la force de Laplace multipliée par une constante λ choisie arbitrairement une fois pour toutes.

On pourra s'assurer que, pour un circuit, le couple résultant de tous les couples élémentaires est nul ; on s'assurera facilement de ce résultat, en se rappelant que la résultante
des forces de Laplace sur tous les éléments d'un circuit passe par le pôle (Leçons d'électricité de J. Bertrand), après avoir, au préalable, représenté chaque couple élémentaire par
deux forces égales, parallèles et de sens contraire, l'une passant par le pôle et l'autre
appliquée à l'élément.

angle droit dans le sens convenable autour de son point d'application P. Si l'on a plusieurs pôles, on devra opérer de la même façon pour chacun d'eux ; mais la résultante des projections sur le plan π de chaque composante du champ en P sera la projection, sur le même plan, de la résultante des champs en P, de sorte, qu'en faisant tourner ensuite dans ce plan π toutes les projections du champ, on obtiendra un système de forces dont la résultante, elle aussi, tournera évidemment du même angle que l'ensemble des composantes ; on en déduit alors immédiatement la loi de Laplace généralisée :

L'action exercée sur un élément ds *de courant* I *placé dans un champ magnétique* $\mathcal{H}$ *est égale à :*

$$f = I.ds.\mathcal{H}.\sin\lambda,$$

ds *étant la longueur de l'élément,* $\mathcal{H}$ *l'intensité du champ magnétique au point milieu de l'élément,* λ *l'angle du vecteur champ et de la direction du courant sur l'élément. Cette action est appliquée au milieu de l'élément perpendiculairement à sa direction et au champ, elle est dirigée à la gauche de l'observateur d'Ampère placé dans l'élément de courant et regardant dans la direction du champ magnétique.*

M. Fleming a indiqué, sous le nom de *règle des trois doigts*, un autre moyen de déterminer le sens de la force électromagnétique. Si l'on dispose les trois premiers doigts de la *main gauche* suivant trois directions rectangulaires, en orientant l'index dans le sens du champ, le médius dans le sens du courant, le pouce indique le sens du déplacement suivant lequel l'élément de courant est sollicité à se mouvoir.

En examinant la formule précédente, on voit que la force $\mathcal{H}\,ds\sin\lambda$ est l'aire du parallélogramme construit sur l'élément *ds* et sur le vecteur $\mathcal{H}$; grâce à cette remarque, on peut modifier ainsi l'énoncé précédent relatif à la généralisation de la loi de Laplace :

L'action qui s'exerce sur un élément de courant placé dans un champ magnétique est égale au produit de l'intensité électromagnétique du courant par l'aire du parallélogramme construit sur le vecteur champ et sur l'élément. Cette force est normale au plan du parallélogramme, elle est dirigée vers la gauche de l'observateur d'Ampère supposé placé dans le courant et dans la position convenable pour pouvoir regarder dans la direction du champ.

Travail dû au déplacement d'un élément de courant dans un champ. — Quand l'élément du courant aura effectué un déplacement infiniment petit, le vecteur champ en son point milieu variera infiniment peu, si l'on suppose naturellement que le champ varie d'une façon continue dans la région que nous considérons.

Prenons (fig. 61) pour axe des z la direction du champ; pour axe des y, la direction de la force agissant sur l'élément de courant mn; pour axe des x, la direction perpendiculaire au plan des yz. L'élément de courant mn sera dans le

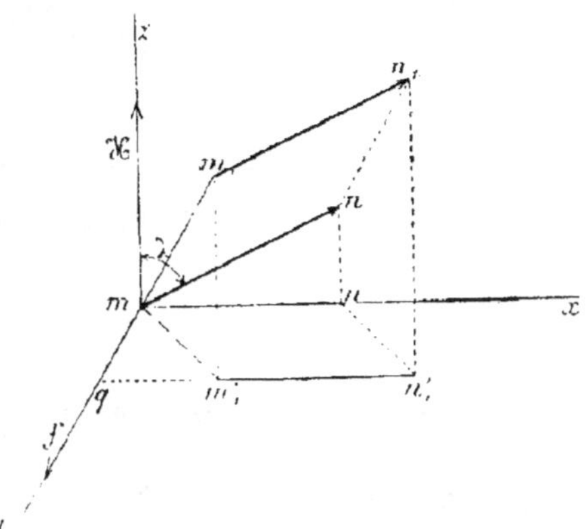

Fig. 61.

plan des xz; un déplacement infiniment petit l'amènera dans la position $m_1 n_1$, projetons la figure $mnn_1 m_1$ sur le plan des xy, nous obtiendrons, à des infiniment petits près de longueur et d'orientation, un parallélogramme $mn'n'_1 m'_1$; c'est-à-dire que $m'_1 n'_1$ sera perpendiculaire en q à l'axe des y; ceci posé, on déduira successivement les relations :

$$\text{Travail élémentaire} = f \times mm_1 \times \cos (mm_1, f)$$

$$— \quad = f \times mm_1 \times \frac{mq}{mm_1} = f \times mq$$

$$— \quad = I \times \mathcal{H} \times mn \times \sin\lambda \times mq$$

$$— \quad = I \times \mathcal{H} \times mn' \times mq$$

$$— \quad = I \times \mathcal{H}. \text{ Aire} (mn'n'_1 m'_1)$$

$$— \quad = I \times (\text{Flux balayé}).$$

Car l'aire $(mn'n'_1 m'_1)$ est normale à $\mathcal{H}$. Cette dernière égalité nous donne la valeur du travail sous la forme que nous cherchions :

Le travail produit par le déplacement d'un élément de circuit dans un champ magnétique, sous l'action de la force électromagnétique qui agit sur lui, est égal, en valeur absolue, au produit de l'intensité du courant par le flux magnétique coupé par l'élément dans ce déplacement. Le signe du travail sera donné par la règle d'Ampère, si l'élément se déplace vers la gauche de l'observateur d'Ampère regardant dans la direction du champ, ce travail sera positif; il sera négatif dans le cas contraire.

CHAPITRE V

Le courant électrique dans ses rapports avec le champ magnétique.

Autre forme du potentiel d'un courant fermé. — Nous avons vu (p. 67) que le potentiel d'un circuit fermé au point O était donné, à une constante près d'intégration, par la formule :

$$\Omega = \varphi.I,$$

φ étant l'angle solide sous lequel on voit de O le circuit parcouru par I, Ω étant affecté du signe $+$, si l'on voit de O la face positive du courant, du signe $-$, si l'on voit de O la face négative du courant.

Si, au lieu de placer en O la masse unité, nous placions la masse m, les composantes de l'action du courant sur cette masse placée en O seraient :

$$- m\,\frac{\partial\Omega}{\partial x}, \quad - m\,\frac{\partial\Omega}{\partial y}, \quad - m\,\frac{\partial\Omega}{\partial z};$$

c'est-à-dire que, pour amener de l'infini contre les forces électromagnétiques la masse m en présence du circuit que parcourt I (ou inversement, pour amener de l'infini le circuit dans sa situation relative actuelle par rapport à la masse m), le travail nécessaire serait, à *une constante près d'intégration* :

$$m\Omega. \quad \text{ou} \quad m\varphi I.$$

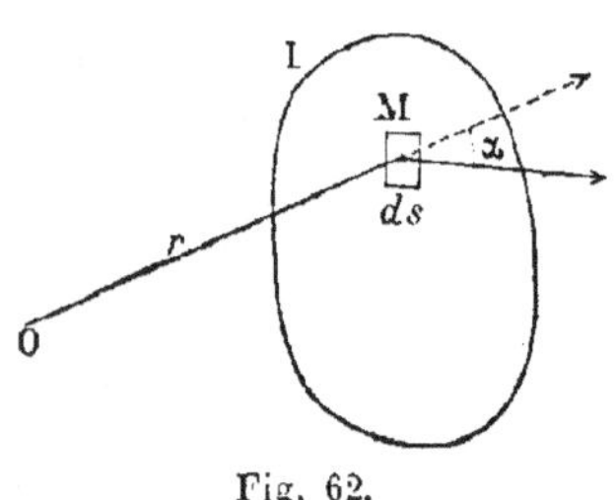

Fig. 62.

Or, par le circuit, menons une surface arbitraire dont le circuit constituera le contour terminal, soit en M (fig. 62) un élément ds de cette surface, appelons r la distance OM, α l'angle de la normale en M avec OM, $d\varphi$ l'angle solide infiniment délié sous lequel on voit de O l'élément de surface *ds,* nous savons qu'entre ces éléments existe la relation :

$$d\varphi = \frac{ds.\cos\alpha}{r^2},$$

de sorte qu'en désignant par $\int_C$ l'intégrale étendue à tous les éléments de la surface dont le circuit est le contour terminal, nous aurons :

$$m\Omega = I \int_C \frac{m.ds.\cos\alpha}{r^2};$$

or, l'expression :

$$\int_C \frac{m\, ds \cos\alpha}{r^2}$$

est le flux émané de O qui entre par la face positive du circuit: convenons d'appeler Φ le *flux qui entre par la face négative du circuit*, nous aurons alors, à *une constante* près d'intégration :

$$m\Omega = \text{Potentiel du circuit dans le champ} = -\,\Phi I.$$

Si, au lieu d'avoir une seule masse *m*, on en avait un certain nombre dont les actions combinées constitueraient le champ, on déduirait maintenant très facilement le théorème suivant :

THÉORÈME. — *Le potentiel d'un courant fermé dans un champ magnétique est égal au produit, changé de signe, du courant par le flux qui le traverse, ce flux étant compté positivement quand il entre par la face négative.*

Similitude d'un courant fermé et d'un feuillet magnétique. — Si l'on compare l'expression du potentiel d'un circuit parcouru, dans un champ, par un courant I avec le potentiel d'un feuillet magnétique ayant le circuit comme contour terminal, pour puissance $\mathcal{P}$ le nombre qui mesure I, on est frappé de la ressemblance absolue des deux expressions.

Avec entière rigueur, on peut dire que, dans un même champ à une *constante d'intégration près*, l'énergie d'un feuillet magnétique et celle d'un courant, dont le circuit forme le contour terminal du feuillet, *sont identiques lorsque la puissance du feuillet* et le *courant* sont exprimés par des nombres égaux. On verra plus loin que la similitude est telle, entre un courant et un feuillet, qu'Ampère a pu énoncer leur équivalence.

Maintenant que nous avons vu quelques-uns des points de ressemblance d'un feuillet et d'un courant, examinons les points de différenciation de ces deux objets. À cet effet, considérons un feuillet magnétique (fig. 63) et un point voisin M_1 de ce feuillet ; si nous déplaçons ce point M_1, supposé chargé de la masse magnétique m,

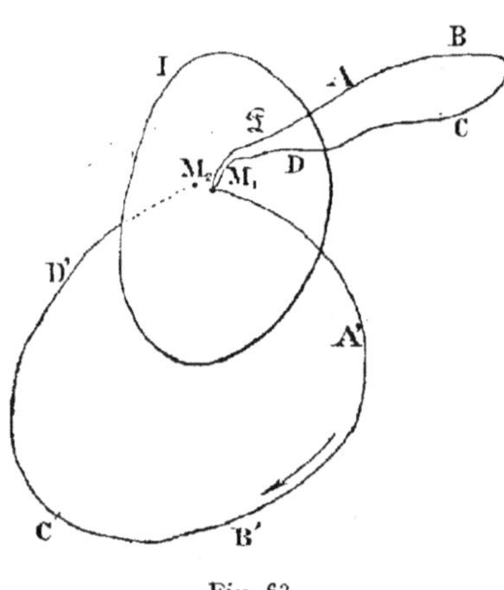

Fig. 63.

de façon à pouvoir pratiquement revenir en M_1, c'est-à-dire en choisissant notre chemin ABCD de façon à n'avoir pas à nous *heurter* au feuillet magnétique, nous aurons accompli dans notre pérégrination M_1ABCDM_1 un travail nul, car l'angle, sous lequel on aura vu, à chaque instant du point mobile, le contour terminal du feuillet, aura varié d'une façon continue pour revenir finalement à sa valeur primitive. Si, au contraire, on a choisi son chemin différemment, on pourra arriver en un point M_2 infiniment voisin de M_1, mais séparé de M_1 par l'obstacle *infranchissable* constitué par le feuillet. On a déjà démontré (p. 27) que le travail accompli pour passer de M_1 en M_2 par ce chemin $M_1A'B'C'D'M_2$ était égal à $\pm 4\pi \mathfrak{P} m$; le signe $+$ étant choisi, lorsqu'on est passé de la face positive à la face négative du feuillet, le signe $-$ étant choisi dans le cas contraire.

Ceci posé, supposons que le feuillet soit remplacé par un courant, $I = \mathfrak{P}$, *sillonnant le contour terminal*, puis observons la même masse m dans ses divers déplacements. Lorsque M va parcourir le chemin M_1ABCDM_1, on s'assurera, par un raisonnement identique à celui du paragraphe précédent, que le point M_1 a accompli dans son déplacement un travail nul, tandis que, s'il avait suivi le chemin $M_1A'B'C'D'M_2$, il aurait pris successivement les mêmes valeurs que dans le cas du feuillet, puisque les angles solides sont identiques dans l'un et l'autre cas, il sera arrivé en M_2 après avoir accompli un travail égal à $\pm 4\pi \mathfrak{P} m$. Mais on voit que le *feuillet était* un obstacle infranchissable dans le raisonnement précédent, dans ce dernier cas, M pourra passer de M_2 en M_1 par *un effort infinitésimal;* on peut donc déduire le théorème fondamental suivant en supposant $m = 1$.

Si, depuis le point M, *le pôle unité parcourt un chemin fermé n'enlaçant pas le circuit du courant* I, *c'est-à-dire si le chemin parcouru est tel qu'on puisse le transporter, sans rupture, en dehors du circuit vers des régions lointaines de ce circuit, le potentiel reprendra en* M, *à l'arrivée, la même valeur qu'au départ. Si, au contraire, le chemin fermé parcouru enlace le circuit du courant* I, *c'est-à-dire si le chemin parcouru est tel qu'il soit impossible de le traîner sans rupture, en dehors du circuit, en des régions lointaines de ce circuit, le potentiel prendra en* M, *à l'arrivée, une valeur égale à celle du départ augmentée de* $4\pi n$I; n *étant l'excès du nombre de fois que le pôle a traversé le courant de la face positive à la face négative sur le nombre de fois où la traversée fut inverse.*

La fonction potentielle est ainsi, *pour un feuillet,* uniforme et continue avec une surface de discontinuité (la surface du feuillet); la fonction potentielle, *relative à un courant,* est continue, mais non uniforme, elle ne possède pas de surface de discontinuité.

Nous verrons plus loin que la source produisant le courant fournit (ou reçoit), à tout instant, l'énergie en jeu dans le déplacement de M, de sorte qu'en réalité il n'y a pas accumulation véritable.

Circuits de forme particulière parcouru par un courant. — Solénoïde. — Une forme particulière affectée très fréquemment par un circuit parcouru par un courant est celle d'une hélice à pas extrèmement faible. Une telle hélice (fig. 64) peut être considérée comme équivalente à la superposition de

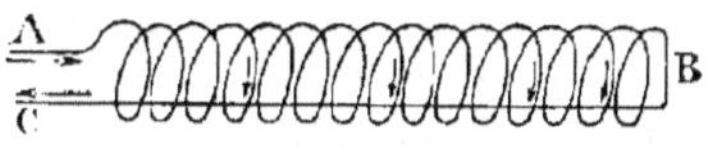

Fig. 64.

circuits fermés parallèles. En effet, considérons seulement deux spires voisines *amb* et *cnd* (fig. 65), nous voyons qu'en ayant soin de faire revenir le fil BC de façon à frôler le fil A*abcd*B, le circuit total est

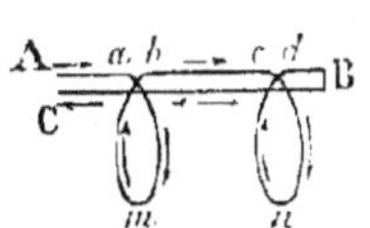

· Fig. 65.   Fig. 65 *bis.*

équivalent, d'après les lois expérimentales d'Ampère sur les courants sinueux et sur les courants de sens contraires, à deux circuits fermés occupant les positions des deux spires (fig. 65 *bis*). Ces circuits de forme hélicoïdale ont été appelés par Ampère : *solénoïdes*. Leur étude est extrêmement nécessaire, car on retrouve sans cesse les circuits de cette forme dans tous les enroulements de bobines inductrices ou dans les bobinages d'induits, comme nous le verrons dans un autre chapitre.

Champ d'un courant. — Avant d'aller plus loin, il nous faut donner quelques précisions sur le champ d'un courant. Les expériences d'Œrsted et d'Ampère montrent que le courant électrique crée autour de lui un champ; les conséquences tirées par le calcul de ces expériences montrent de plus des analogies remarquables existant entre une entité purement *magnétique* qu'on appelle un feuillet, créant, par conséquent, un champ magnétique autour d'elle et un circuit parcouru par un courant qui, lui aussi, crée un champ. La question qui se pose est la suivante : le champ créé par un circuit parcouru par un courant est-il, ou non, de nature *identique* au champ magnétique? ou bien, est-on seulement en présence d'*analogies*, conséquences naturelles des similitudes dans les lois fondamentales, comme cela se présente quand on compare le champ électrique et le champ magnétique?

La question est de la plus haute importance, car si l'on ne pouvait retenir que des analogies frappantes, mais, en réalité, superficielles, entre les deux catégories de phénomènes, il faudrait considérer ceux-ci comme deux points de départ de branches physiques distinctes, tandis que si l'on peut prouver que les *manifestations extérieures d'un feuillet et d'un circuit* sont *identiques* à la façon géométrique de comprendre ce mot, non seulement on pourra jeter un pont entre les deux domaines théoriques jusqu'ici distincts du magnétisme et de l'électricité, mais encore la communauté des effets impliquant certainement une grande parenté dans les causes, on pourra prévoir, comme conséquences de l'identité de nature des champs produits par un feuillet et un courant fermé, toute une série de propriétés reliant les grandeurs magnétiques et électriques entre elles. Nous allons voir que c'est, en effet, ce qui est démontré de façon la plus complète.

Le champ d'un courant possède réellement les propriétés du champ magnétique. Si on le fait agir sur des masses magnétiques égales et de signes contraires, on a constaté (p. 56-57) que l'action était en chaque point proportionnelle à la masse magnétique placée en ce point.

Si l'on prend maintenant un courant rectiligne suffisamment étendu pour pouvoir être assimilé à un courant allant de l'infini en un sens à l'infini en l'autre sens, et si sur un carton P (fig. 66), normal à ce fil, on projette de la limaille de fer, cette limaille légèrement secouée déterminera un spectre formé de circonférences concentriques au fil; de plus, le sens du flux pour un observateur d'Ampère sera encore de droite à gauche.

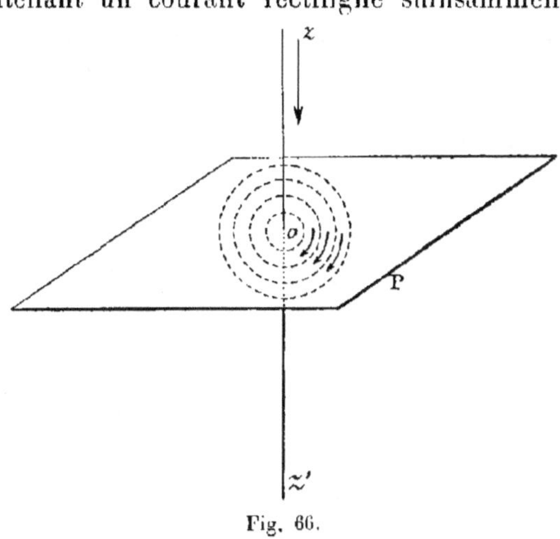

Fig. 66.

Si l'on prend un courant circulaire vertical AXBY coupant un plan horizontal en carton (fig. 67) aux points X et Y diamétralement opposés, on obtient, en secouant légèrement la limaille de fer pro-

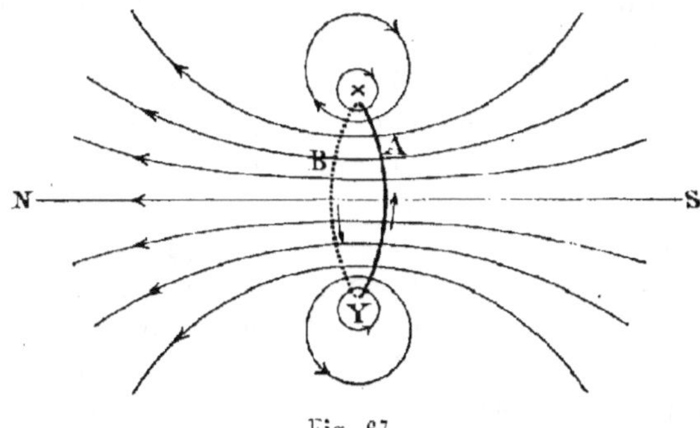

Fig. 67.

jetée sur ce carton, un spectre net comme dans le cas d'un aimant. Le sens des lignes de force pour un observateur couché dans le fil et regardant vers l'intérieur est de droite à gauche, c'est-à-dire de la face négative à la face positive. Maxwell a donné une règle portant le nom de règle du tire-bouchon de Maxwell, cette règle s'énonce ainsi : *Si l'on suppose un tire-bouchon orienté parallèlement à l'axe SN d'un circuit fermé, puis qu'on fasse tourner ce tire-bouchon dans le sens du courant qui parcourt la spire, l'instrument tendra à se déplacer dans un sens qui est celui des lignes de force.*

Si l'on enroule un fil en hélice sur un cylindre, on obtient un *solénoïde* (fig. 68); on peut, avec des cartons convenablement entaillés, explorer, à l'aide de la limaille, le champ dans un plan coupant

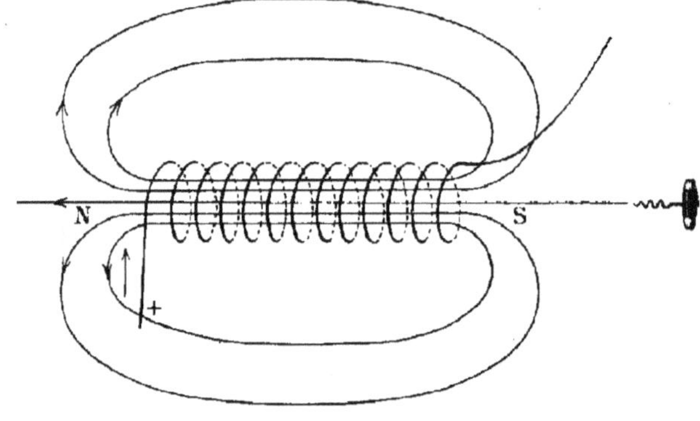

Fig. 68.

le cylindre en deux parties, le spectre obtenu (sauf celui, bien entendu, de l'intérieur de la bobine) est identique de forme à ceux obtenus avec un aimant.

Les expériences d'Arago ainsi que l'aimantation par les courants fourniront des arguments plus précis encore sur l'équivalence du champ d'un courant et du champ magnétique.

Expérience d'Arago. — Premier exemple d'aimantation par les courants. — Arago, en 1820, démontra expérimentalement qu'un fil de cuivre traversé par un courant et plongé dans la limaille de fer l'attire et s'en charge sur toute sa surface. Chaque parcelle de limaille s'oriente perpendiculairement à l'axe du fil, suivant la ligne de force, le pôle nord étant à la gauche de l'observateur d'Ampère.

Si l'on place un barreau de fer en croix avec le courant, il s'aimante. Si l'on enroule le fil en solénoïde, on constate que le *barreau placé à l'intérieur du cylindre d'enroulement s'aimante.* Les lignes de force à l'intérieur du solénoïde sont dans le sens de l'aimantation. On constate que *le sens de l'aimantation et celui des lignes de force ne dépendent que du sens d'enroulement du circuit autour du cylindre supportant l'hélice*, et que le sens du champ ne dépend, en aucune façon, du sens de succession des spires les unes après les autres : le sens de ces lignes de force est bien donné par la règle du tire-bouchon de Maxwell que nous avons précédemment énoncée. On peut encore donner la règle mnémotechnique suivante : Le pôle nord est à l'extrémité du solénoïde d'où l'on voit le courant circuler en sens inverse des aiguilles d'une montre (fig. 69).

Si l'on change brusquement le sens de l'enroulement (fig. **69** *bis*), on change le sens de l'aimantation en même temps que le sens des

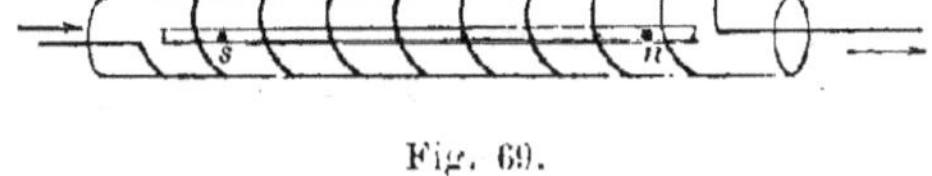

Fig. 69.

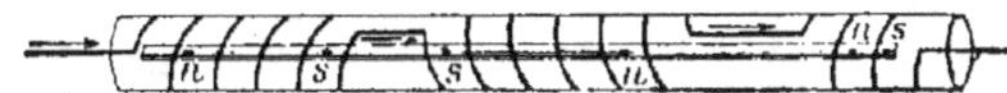

Fig. 69 *bis.*

lignes de force. Le mode opératoire le plus commode consiste à enrouler sur un tube de verre un fil conducteur isolé et à loger dans l'intérieur de ce tube une aiguille à tricoter. On obtient ainsi sur le barreau une suite d'aimants contrariés ; les pôles disposés sur l'aiguille autre part qu'aux extrémités de cette aiguille s'appellent des pôles conséquents ; on reconnaît facilement leurs positions en plongeant, après l'aimantation, l'aiguille dans de la limaille de fer.

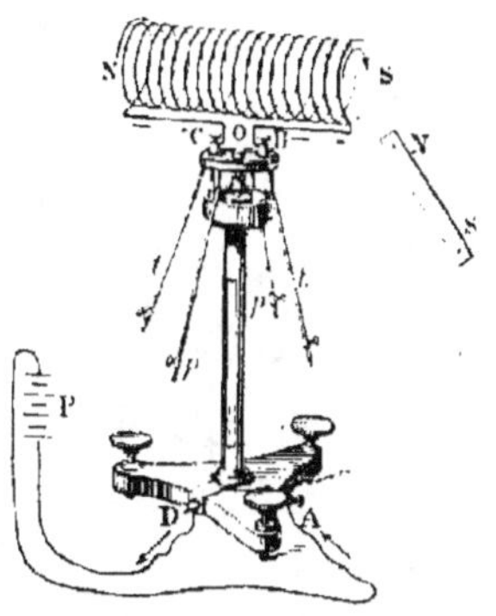

Fig. 70.

Un solénoïde a toutes les propriétés d'un aimant, un solénoïde suspendu horizontalement (fig. 70) voit son axe se placer dans le plan du méridien magnétique. *On peut répéter avec un solénoïde toutes les expériences faites avec les aimants*, soit en combinant un aimant et un solénoïde, soit en combinant deux solénoïdes ; on constate que les phénomènes de répulsion et d'attraction vérifiés avec les aimants seuls se répètent encore avec les solénoïdes. Le mode de suspension du solénoïde de la figure 70 est celui adopté par M. E. Branly, nous l'avons décrit plus haut.

D'ailleurs, Weber a pu répéter avec de petits solénoïdes les expériences de Gauss sur les aimants ; en remplaçant, soit un petit aimant par un petit solénoïde, soit en substituant aux deux petits aimants deux petits solénoïdes. Les phénomènes sont *identiques* et, en particulier, on a pu constater que l'action du cylindre déviant est deux fois plus efficace dans la position particulière que nous avons appelée 2 que dans la position appelée 1.

Enfin, *un petit barreau de fer doux, aimanté par friction avec la pierre d'aimant, peut être désaimanté à l'aide des solénoïdes ; et réciproquement, un petit barreau de fer doux, aimanté à l'aide des solénoïdes, peut être désaimanté avec la pierre d'aimant.* Pour obtenir ces résultats, il faut procéder avec précaution, nous ne nous étendrons pas ici sur la description du mode opératoire, mais cette dernière propriété achève de démontrer *l'identité absolue, quant à la nature, du champ produit par un aimant ordinaire et du champ produit par un courant.*

Equivalence d'un feuillet magnétique et d'un courant. — Théorème d'Ampère. — Un solénoïde peut être assimilé à un aimant, c'est bien ce que l'expérience démontre ; mais, c'est aussi ce que les *considérations théoriques permettaient de prévoir.* En effet, si l'on considère (fig. 71) un aimant de longueur ε infiniment courte et de moment magnétique $\mathfrak{M}$, on a vu que si, au milieu de l'aimant, dans le plan normal à son axe, on

Fig. 71.

trace une courbe fermée, contournant l'aimant, courbe dont l'aire élémentaire ds soit égale à $\dfrac{\mathfrak{M}}{K}$ K étant un certain facteur numérique, le potentiel en M produit par l'aimant sera donné par la formule :

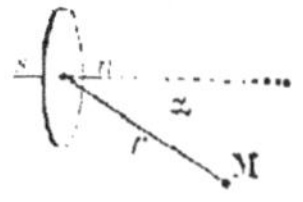

$$V_a = \frac{\mathfrak{M}.\cos\alpha}{r^2} = K\frac{ds.\cos\alpha}{r^2} = K\omega,$$

ω étant l'angle solide sous lequel on voit le contour d'aire $\dfrac{\mathfrak{M}}{K}$ du point M, en prenant le signe $+$ pour ω, si, de M, on voit la petite aire $\dfrac{m}{K}$ sous le côté pôle nord du petit aimant.

Prenons maintenant un courant I et supposons que ce courant ait comme siège le contour terminal de la petite aire, le sens de ce courant étant réglé de façon que la *face positive du circuit soit précisément celle qui est tournée du côté du pôle nord du petit aimant*, dans ces conditions, le potentiel en M produit par le courant sera :

$$V_c = I\omega, \quad \text{donc en faisant } I = K, \quad \text{on a} \quad V_a = V_c;$$

comme les champs produits sont de nature identique, ainsi que nous en avons donné plus haut les preuves expérimentales, il résulte que le petit circuit peut remplacer le petit aimant et *vice versa*.

Considérons, avec Ampère, un système formé de courants fermés infiniment petits (fig. 71 *bis*) de même surface, de même sens, de même intensité espacés,
les uns des autres, par la distance ε infiniment
petite, constante, comptée le long d'une courbe
directrice quelconque AB normale à chacune de
ces petites surfaces en leur centre de gravité,
nous allons démontrer que ce *solénoïde électromagnétique* a les propriétés d'un certain aimant
filiforme ayant la même direction.

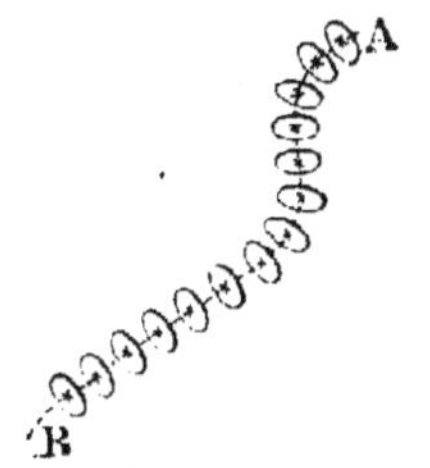

Fig. 71 *bis*.

Si, en effet, ε est la distance de deux surfaces élémentaires, nous pouvons remplacer chacun des petits circuits par un petit aimant normal à ce circuit et le dépassant *en dessus* et en dessous de $\dfrac{\varepsilon}{2}$; nous avons vu que I étant le courant et ds l'aire des petites surfaces, nous aurons pour moment magnétique des petits aimants équivalents :

$$I.ds = m = m.\varepsilon,$$

on a donc bien ainsi un chapelet de petits aimants identiques en longueur et dont la valeur commune de la masse aux pôles est en valeur absolue $\dfrac{I.ds}{\varepsilon}$.

Dans un ordre d'idées un peu différent, considérons un circuit parcouru par un courant fermé d'intensité I (fig. 72), puis conce-
vons une surface S limitée par le courant comme contour terminal,

nous pouvons tracer sur cette surface un réseau composé de petits circuits fermés tels que *mnpq;* si nous supposons chacun des petits circuits élémentaires parcourus par un courant égal à I, *mais dans le même sens que le courant du contour*, nous voyons facile-

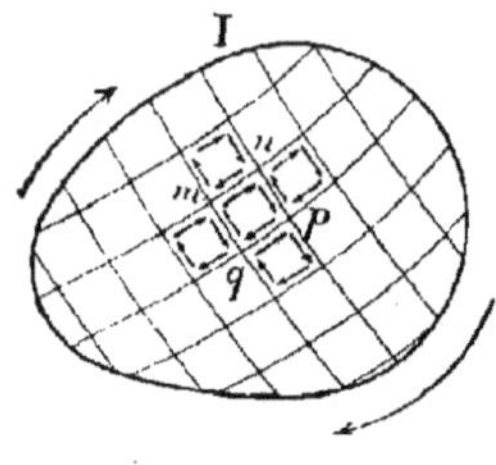

Fig. 72.

ment que l'action résultante sur un point extérieur M des actions des divers petits *courants intérieurs* est nul; en effet, cha-que partie élémentaire, telle que *mn*, étant parcourue par des courants égaux mais de signes contraires, n'aura aucune influence extérieure, et *seul le courant circulant dans le contour terminal aura une ac-tion;* autrement dit, au point de vue exté-rieur, le courant fermé d'intensité I parcourant le contour sera iden-tique à l'ensemble des petits circuits constitués par le réseau tracé sur la surface S. Or, soit *ds* l'aire du petit contour *mnpq*, choisis-sons, une fois pour toute, une *même longueur ε d'aimant* susceptible de remplacer le circuit *mnpq* parcouru par le courant I, on aura d'après ce qui précède

$$I.ds = m.\varepsilon, \quad \text{ou} \quad I = \frac{m}{ds}.\varepsilon,$$

ce qui indique que, si on prend comme section de l'aimant l'aire *mnpq* elle-même, la densité magnétique sur les faces terminales de cet aimant élémentaire est donnée par :

$$\frac{m}{ds} = \frac{1}{\varepsilon} = C^{te}.$$

Ainsi donc, le circuit parcouru par le courant I *peut être remplacé par un feuillet magnétique* ayant, pour contour terminal, le circuit lui-même; de plus, on voit que la puissance magnétique φ du feuillet a pour valeur :

$$\varphi = \frac{m}{ds} \times \varepsilon = I.$$

On peut énoncer maintenant en toute rigueur le célèbre théo-rème d'Ampère :

Le champ magnétique d'un courant fermé est le même que

celui d'un feuillet de même contour dont la puissance magnétique est égale à l'intensité du courant.

Ajoutons que l'unité pratique de courant est l'*ampère* qui vaut $\frac{1}{10}$ de l'unité électromagnétique C.G.S. de courant défini précédemment (p. 67).

Sur quelques propriétés qui différencient les feuillets magnétiques et les courants. — On serait tenté de conclure maintenant trop rapidement et d'énoncer, comme propriétés des courants, toutes celles démontrées pour les feuillets.

Le feuillet magnétique est, en somme, *une pure conception de l'esprit*, rien de plus; il a été utilisé pour analyser le champ créé par un courant et montrer qu'un tel champ a toutes les propriétés d'un champ magnétique proprement dit; mais cet objet *fictif* est naturellement réduit à son. maximum de simplicité, alors que le courant fermé est un objet physique *réel*. Il n'est donc pas étonnant que l'étude du feuillet ne suffise pas entièrement à l'étude intégrale de l'*objet réel, partant plus complexe*, qu'on appelle le courant.

Analysons de plus près un phénomène déjà étudié. A cet effet, prenons une masse magnétique $(+ m)$, abandonnons-la dans le champ créé par un feuillet; cette masse va suivre une ligne de force pour venir s'appliquer sur la face négative du feuillet, *elle ne pourra aller plus loin;* si, au lieu du feuillet, on renouvelle l'opération avec un courant I, la masse $+ m$, livrée à elle-même, *ne sera plus arrêtée par une surface infranchissable*, elle tournera sans cesse suivant une ligne de force. Elle pourra traîner, par exemple, un petit véhicule freiné de façon à garder une *vitesse toujours extrêmement faible;* à chaque tour complet, elle aurait ainsi fourni au petit véhicule un travail $4\pi.\mathrm{I}.m$, et, au bout de n tours, un travail égal à $4\pi.m.n\mathrm{I}$. Supposons qu'elle soit arrêtée au bout de ces n tours complets, ce qui sera facile, grâce à la précaution prise de l'empêcher de prendre une allure accélérée; elle se trouvera dans la *même position par rapport au courant*, le champ sera le *même* et la question qui, naturellement, se pose est celle-ci : *Où a été puisée l'énergie consommée par le petit véhicule?*

En vertu du principe de la conservation de l'énergie, il est certain que cette énergie consommée a été fournie par une source capable de la débiter. On est naturellement amené à supposer que c'est le *courant lui-même* qui a fourni cette énergie; c'est, en effet, ce que l'*expérience* (on pourrait dire l'*expérience de chaque jour*) démontre nettement.

En réalité, envisager une masse magnétique isolée, c'est rester dans le domaine de la fiction, car une masse $+ m$ est la conjuguée d'une masse $- m$ placée à distance finie; nous sommes ainsi amené tout naturellement à analyser le mouvement d'un aimant réel par rapport à un courant. Supposons qu'un aimant se déplace dans le champ d'un courant et qu'après avoir suivi un chemin fermé, d'ailleurs quelconque, il reprenne ainsi identiquement la même place qu'au départ, il peut se présenter ainsi trois cas bien distincts :

1° Chaque point de l'aimant a décrit un chemin fermé *n'enlaçant pas* le courant;

2° Chaque point de l'aimant a décrit un chemin fermé *enlaçant* le courant;

3° Grâce *à un artifice*, on est parvenu à faire parcourir à *une extrémité* de l'aimant un chemin enlaçant le courant, tandis que l'*autre extrémité* de l'aimant n'enlaçait pas ce courant.

Dans le premier cas, chaque pôle produit un travail total nul, le travail total de l'aimant dans la circonvolution est donc nul.

Dans le deuxième cas, un pôle m a produit (ou reçu) une énergie égale à $4 \pi m$, alors que l'autre pôle a produit (ou reçu) une énergie égale à $- 4 \pi m$, le résultat est donc le même que précédemment, le travail total de l'aimant dans la circonvolution est donc nul.

Pour le troisième cas, on se heurte à une impossibilité matérielle pour le réaliser; si l'on parvenait (physiquement) à l'obtenir, il semble qu'un pôle m produirait (ou recevrait) un travail $4 \pi m$ alors que l'autre effectuerait dans le tour un travail nul; mais à la condition expresse que l'aimant *ne prenne pas contact* avec le courant, car alors les masses d'un aimant particulaire viendraient en coïncidence avec le courant, il y aurait *discontinuité* brusque du potentiel, toute la théorie serait inapplicable en vertu de la loi de Laplace.

Ainsi, des trois hypothèses matériellement concevables, deux aboutissent à la conclusion d'un travail total nul pour l'aimant dans une circonvolution complète; la troisième indique bien un travail effectué par l'aimant, mais avec cette restriction importante : la réalisation pratique n'est possible que grâce à un artifice. Nous allons revenir sur ce point à un paragraphe immédiatement suivant; au préalable, nous ferons remarquer que, si le travail d'un aimant, dans tout mouvement réalisable pratiquement, est identiquement nul dans une circonvolution exacte, ce travail n'est pas *nul dans une partie de chemin non fermé*, la question nette qui se pose est donc la suivante: *Lorsqu'un aimant réel décrit un chemin non fermé en présence d'un courant, à quelle source se trouve empruntée l'énergie nécessaire à ce déplacement?*

On admet que tout déplacement d'un pôle ou d'un aimant dans le champ d'un courant se fait, énergétiquement, aux dépens de la source qui entretient le courant. C'est admettre qu'il n'existe pas d'énergie relative due à la présence d'un courant I et d'un pôle, c'est admettre la même propriété pour un aimant quelconque. Autrement dit, on admet ainsi que l'ensemble, courant et pôle, ne tient aucun compte *Doit et Avoir* relativement à l'énergie. Toute l'énergie nécessaire aux déplacements relatifs du courant et du pôle sera *soldée* aux dépens de la source fournisseur du courant. Cette hypothèse est indirectement vérifiée de la façon suivante : elle sert de base à la théorie de l'induction, comme nous le verrons plus loin, dont les conséquences peuvent être vérifiées avec une très grande précision dans un nombre très grand de cas (1).

Quelques artifices pour produire du travail mécanique. — Dans le paragraphe précédent, nous avons constaté l'impossibilité de produire, *sans artifice*, du travail mécanique d'une façon continue en utilisant les réactions de présence d'un aimant et d'un courant, nous nous sommes, en effet, heurtés à une des deux conclusions : 1° le travail mécanique disponible est nul dans la circonvolution complète d'un aimant en présence d'un courant; 2° il y a une impossibilité matérielle à l'aimant de faire une circonvolution complète dans les conditions imposées. On peut arriver à tourner ces deux difficultés; nous allons successivement exposer les *principes* de ces

---

(1) Au point de vue mathématique, cette façon de vérifier une hypothèse peut sembler un peu imparfaite ; or, il est bien naturel que les lois suivant lesquelles l'énergie est répartie soient justifiées ainsi, puisque le principe de la conservation de l'énergie n'a pas, en réalité, d'autres contrôles expérimentaux.

méthodes pratiques permettant de produire une énergie utilisable aux dépens de la source qui entretient le courant.

Par renversement du courant.—Prenons (fig. 73), dans un plan horizontal P, une source, une pile par exemple, entretenant dans le circuit C un courant; au centre du circuit, sont disposés deux petits

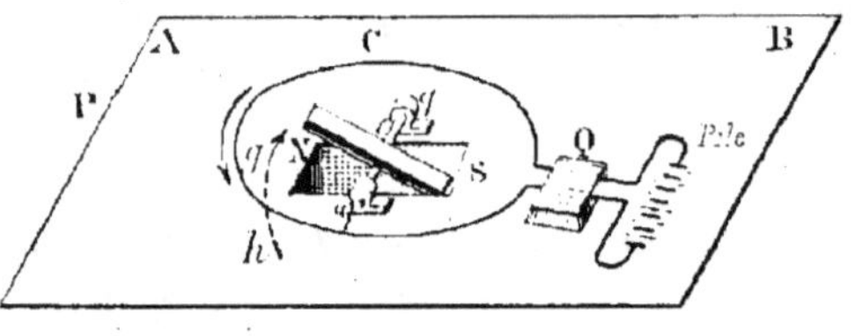

Fig. 73.

paliers q et q' supportant un arbre horizontal solidaire de l'aimant NS et servant d'axe de rotation à cet aimant. On dispose de plus d'un appareil Q, commutateur automatique de courant, dont le rôle est le suivant : lorsque N est du côté de A par rapport au plan vertical T passant par l'axe de rotation, le courant circule, pour un observateur debout sur le plan P, en sens inverse des aiguilles d'une montre ; mais ce courant se met à circuler comme les aiguilles d'une montre, lorsque N est de l'autre côté du plan T. Dans ces conditions, on peut, grâce à la règle d'Ampère, constater qu'une rotation continue amènera l'aimant dans le sens indiqué par la flèche gh. Si I est le courant, $\mathfrak{M}$ le moment magnétique de l'aimant, $2l$ la longueur de cet aimant, on constatera facilement que le travail, *par tour*, est donné par la relation :

$$\mathfrak{C} = \frac{4\pi.\mathfrak{M}.I}{l},$$

dans le cas d'une rotation rapide d'un aimant dont l'inertie serait importante, le couple moyen serait donné par la formule :

$$C = \frac{2.\mathfrak{M}.I}{l}.$$

C'est, en somme, un artifice de ce genre qui a permis la *réalisation de la machine magnéto-électrique*, et, ensuite, celle de la *machine dynamo-électrique*.

Par brisure momentanée du circuit. — Considérons (fig. 73 *bis*) un aimant A se déplaçant en restant constamment normal au plan P d'un courant C, les dispositifs mécaniques qui assurent le mouvement de A sont supposés astreindre le centre de gravité de cet aimant à décrire la trajectoire *hgl*; on voit donc que si l'on voulait faire effectuer, *sans précaution*, une circonvolution complète à l'aimant, il se heurterait au courant C. Dans le voyage de l'aimant de la position $n_1 s_1$ à la position $n_2 s_2$ dans le sens de la flèche, le pôle n a accompli un travail, sous l'action des forces électromagnétiques, égal au travail ε de ce même pôle, *supposé isolé*, pour aller de n_1 à n_2; pendant ce temps, s accomplissait un travail égal à :

$$\tau = - 4\pi m + \varepsilon.$$

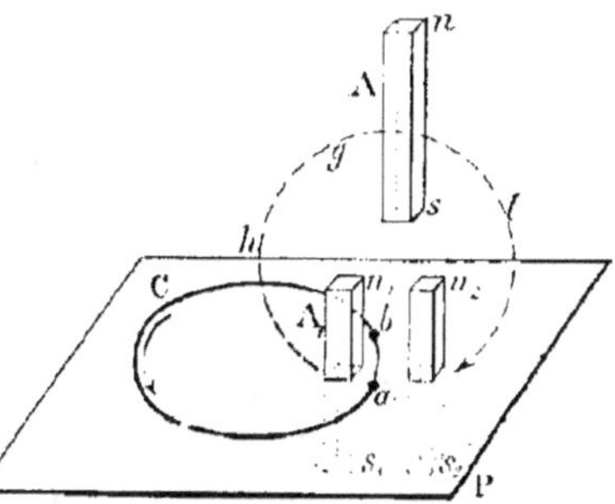

Fig. 73 *bis*.

Supposons, maintenant, qu'on interrompe le courant *pendant un temps très court*, en ouvrant la porte *ab* afin de laisser passer l'aimant de la position $n_2 s_2$ à la position $n_1 s_1$; lorsque A aura traversé le courant, la porte sera automatiquement refermée et ainsi le courant sera rétabli. Dans ces conditions, un tour complet aura été effectué sans faire passer l'aimant dans une situation rendant les raisonnements imprécis, le travail accompli dans le tour contre les forces électromagnétiques et susceptible d'être emmagasiné par la source fournisseur du courant sera :

$$\tau = - 2(2\pi m - \varepsilon).$$

Si l'aimant était libre, il accomplirait son mouvement en l'autre sens; il produirait, aux dépens de la source fournisseur du courant I, un travail utilisable mécaniquement dont la valeur serait :

$$\tau = 2(2\pi m - \varepsilon),$$

2ε serait encore le travail correspondant à la partie de la trajectoire parcourue pendant l'interruption du courant causée par l'ouverture de la porte *ab*

CHAPITRE VI

Le courant et le champ magnétique.

(*Suite.*)

Énergie relative de deux courants. — Différence avec les feuillets. — Prenons maintenant deux feuillets de puissance $\mathscr{P}_1$ et $\mathscr{P}_2$, leur énergie relative dans la position première (fig. 74) est :

$$- \mathscr{P}_1 . \mathscr{P}_2 . M = W_F,$$

où M est le coefficient d'induction mutuelle, fonction géométrique des éléments seuls des contours. Si l'on fait passer les feuillets dans

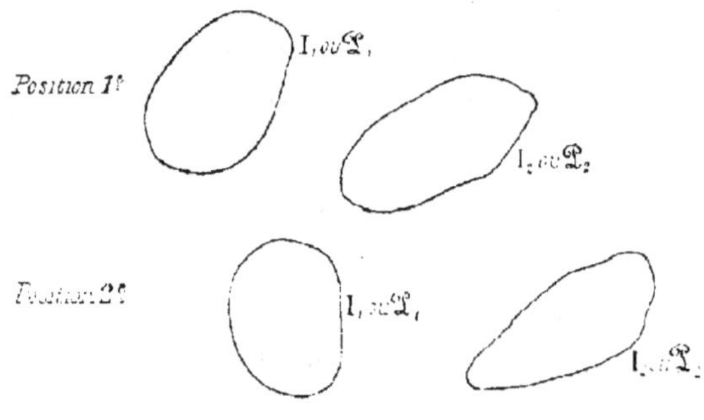

Fig. 74.

une position voisine que nous appellerons position deuxième, la variation d'énergie relative sera :

$$- \mathscr{P}_1 \mathscr{P}_2 \, dM = d W_F.$$

cette variation d'énergie correspondra au travail nécessaire à *la réaction des champs en présence*, depuis la position première à la position deuxième.

Remplaçons maintenant le feuillet $\mathscr{P}_1$ par le courant $I_1 = \mathscr{P}_1$, ayant comme siège le contour terminal du feuillet $\mathcal{F}_1$; les champs en présence *sont les mêmes* que précédemment, dans la position première aussi bien que dans la position deuxième. Or, le deuxième feuillet, étant composé de petits aimants, a une énergie relative nulle par rapport à I_1, c'est-à-dire que la variation d'énergie nécessaire au passage de la position première à la position deuxième de l'ensemble du courant et du feuillet sera fournie par la source entretenant I_1 (1). Soit donc $d\mathrm{W}'$ la variation d'énergie interne de la source dans cette transformation, nous aurons :

$$d\mathrm{W}' + d\mathrm{W}_\mathrm{F} = 0,$$

et :

$$d\mathrm{W}' = - d\mathrm{W}_\mathrm{F} = + \mathcal{F}_1 . \mathcal{F}_2 \, d\mathrm{M}.$$

Revenons à la position première, et remplaçons maintenant les deux feuillets par des courants équivalents, ayant comme circuits les contours des feuillets et des intensités I_1 et I_2 telles que :

$$I_1 = \mathcal{F}_1 \quad \text{et} \quad I_2 = \mathcal{F}_2,$$

lorsque nous serons dans la position première, le champ sera le même que celui qui existait avec les deux feuillets dans la même position ; lorsque nous passerons dans la position deuxième, le champ sera le même que celui qui existait précédemment du fait des deux feuillets dans cette même position deuxième ; de sorte que le travail correspondant, *nécessaire* au déplacement contre les forces électromagnétiques des deux courants, sera :

$$d\mathrm{W}_\mathrm{F} = - \mathcal{F}_1 \mathcal{F}_2 . d\mathrm{M} = - I_1 I_2 d\mathrm{M}.$$

Mais le courant I_1 travaillera comme précédemment, puisque les champs varient toujours de la même façon dans le passage de la première à la deuxième position, la variation d'énergie interne de la source entretenant I_1 sera donc toujours $d\mathrm{W}'$; le courant I_2 aura demandé, lui aussi, à la source l'entretenant une fourniture d'énergie égale à $d\mathrm{W}'$; on se rendra compte de ce fait, en remarquant que si,

---

(1) Il faut remarquer que cette variation d'énergie correspond dans ce cas comme dans le cas précédent à la transformation d'un même champ, les champs dans la position première sont identiques, ceux dans la position deuxième sont également identiques.

au lieu de permuter d'abord $\mathfrak{P}_1$ en I_1, on avait permuté $\mathfrak{P}_2$ en I_2, on aurait trouvé :

$$d\mathrm{W''} = I_2\mathfrak{P}_1 d\mathrm{M} = \mathfrak{P}_2\mathfrak{P}_1 . d\mathrm{M} = d\mathrm{W'}$$

et que, en somme, un circuit I_2 n'est pas *intéressé* par le courant I_1 *lui-même* situé au loin, mais bien par le *champ* dans lequel ce courant I_2 est *noyé*, ce champ pouvant d'ailleurs provenir de l'action du circuit I_1 lui-même.

Les courants en passant de la position première à la position deuxième ont donc vu leur énergie potentielle relative varier de :

$$- I_1 I_2 d\mathrm{M} + 2I_1 I_2 d\mathrm{M} = I_1 I_2 d\mathrm{M} = - d\mathrm{W_F},$$

c'est-à-dire que l'énergie relative des deux courants est :

$$+ I_1 . I_2 . \mathrm{M} = - \mathrm{W_F}.$$

Nous voyons que les sources soldent ainsi une *double* dépense : 1° celle nécessaire aux travaux de déformation du champ; 2° celle nécessaire à l'accroissement de l'énergie potentielle des circuits parcourus par les courants. Chacune de ces dépenses d'énergie est égale, et nous pouvons constater que l'énergie relative de deux courants est égale, mais *de signe contraire*, à l'énergie relative des deux feuillets équivalents.

L'énoncé, pour le cas de deux courants, sera donc :

L'énergie mutuelle de deux courants d'intensité I_1 *et* I_2 *est égale au produit de* $I_1 I_2$ *par le coefficient d'induction mutuelle des deux circuits. Ce coefficient est le flux que recevrait un des circuits par sa face négative, si l'intensité de l'autre était égale à l'unité.*

Énergie intrinsèque d'un courant. — Énergie potentielle totale de deux courants. — Considérons n circuits égaux *géométriquement* occupant n positions infiniment voisines, telles que deux éléments égaux quelconques de deux quelconques de ces n circuits aient leurs centres de gravité à une distance infiniment petite. Si chacun de ces n circuits est parcouru par un courant $\dfrac{I}{n}$ de même sens, pour un élément magnétique (ou électrique) quelconque de l'espace, ces n circuits pourront, *quant aux effets*, être remplacés par un quelconque d'entre eux parcouru par le courant total I.

Or, appelons ε l'induction mutuelle d'un de ces circuits sur son voisin parcouru par le même courant $\frac{I}{n}$, l'énergie mutuelle entre ces deux circuits est :

$$\mathcal{L}\left(\frac{I}{n}\right)^2, \quad \text{ou} \quad \mathcal{L}\frac{I^2}{n^2}.$$

Or, nous avons $\frac{1}{2}\, n\,(n-1)$ groupes de deux circuits deux à deux, il en résulte que l'énergie mutuelle de l'ensemble est :

$$\frac{\mathcal{L}}{2}\times I^2 \times \frac{n\,(n-1)}{n^2} = \frac{\mathcal{L}}{2}I^2\left(1-\frac{1}{n}\right).$$

Lorsque n est infiniment grand, ce qui entraîne la condition que deux quelconques des circuits se rapprochent de plus en plus, on a

$$\text{Energie relative du courant I sur lui} = \frac{1}{2}\mathcal{L}I^2.$$

$\mathcal{L}$ s'appelle le coefficient de self-induction (1) du courant I ; on désigne l'expression $\frac{1}{2}\mathcal{L}I^2$ sous l'appellation d'*énergie intrinsèque au courant* I. Si le circuit varie de forme, sans varier d'intensité, la variation d'énergie intrinsèque sera $\frac{I^2}{2}.d\mathcal{L}$.

L'*énergie potentielle totale* de l'ensemble de deux courants I_1 et I_2, c'est-à-dire l'énergie nécessaire pour créer *séparément* les champs dus à I_1 et à I_2 et pour placer en présence l'un de l'autre ces deux champs, est ainsi :

$$W_T = \frac{1}{2}\left(\mathcal{L}_1 I_1^2 + 2MI_1I_2 + \mathcal{L}_2 I_2^2\right),$$

où $\mathcal{L}_1$ et $\mathcal{L}_2$ sont les coefficients de self-induction des courants I_1 et I_2, M le coefficient d'induction mutuelle des deux courants ; on voit que cette énergie potentielle totale est la somme des énergies intrinsèques de chaque courant augmentée de l'énergie relative de ces courants I_1 et I_2 en présence. Nous reviendrons plus loin sur cette expression de W_T et nous lui donnerons une nouvelle forme.

---

(1) $\mathcal{L}$ est un coefficient d'induction mutuelle de deux circuits confondus, on a $\mathcal{L} = \int\int\frac{ds\,.ds'}{r}\cos\varepsilon$, où ds et ds' sont deux éléments de longueur du circuit, r la distance de ces deux éléments, ε leur angle.

Théorie du magnétisme d'Ampère. — Nous avons vu que les feuillets et les courants ne peuvent être assimilés les uns aux autres, quant à leurs propriétés, qu'avec précaution. Les phénomènes présentés par les courants offrent plus de généralités que les phénomènes présentés par les aimants ; les feuillets ne peuvent être assimilés qu'à des courants un peu particuliers possédant des propriétés moins générales que les courants ordinaires. Il est ainsi naturel de penser que le *magnétisme doit pouvoir s'expliquer à l'aide des courants et non pas les courants par le magnétisme.*

Ampère admettait qu'autour de chaque molécule des corps magnétisés circulait un courant parcourant un chemin infiniment petit ; il admettait, de plus, que tous ces courants élémentaires circulaient dans le même sens de rotation, enfin, pour lui, la résistance électrique opposée à ces courants était supposée nulle, il expliquait ainsi l'absence d'échauffement d'un corps magnétisé. Nous avons exposé succinctement en quoi la théorie d'Ampère consistait, nous réservant d'y revenir au cours du fascicule prochain.

Lois élémentaires de l'électro-dynamique. — Ampère déduisit une relation célèbre comme conséquence des mêmes lois sur lesquelles nous nous sommes appuyés pour démontrer que le potentiel d'un courant fermé devait être représenté à une constante près d'intégration par la formule page 67 :

$$\Omega = \varphi.I,$$

la formule d'Ampère était l'expression d'une loi donnant l'action mutuelle de deux éléments de courant l'un sur l'autre.

Cette action n'a aucune *objectivité physique*, ceci est évident, car une parcelle de courant ne peut être considérée raisonnablement, indépendamment du circuit total, cette parcelle n'a de sens que comme partie d'un circuit fermé.

De plus, Ampère admettait que l'action de deux éléments de courant se réduisait à une force dont la direction était celle de la droite qui joint les deux éléments.

En réalité, on peut adresser à la loi d'Ampère les observations que nous avons faites à la loi de Laplace ; d'ailleurs, *on peut déduire la loi d'Ampère comme conséquence de la loi de Laplace,* en admettant, comme le faisait Ampère, que *l'action entre deux éléments de courant se réduise à une force dont la direction est celle de la droite qui joint les deux éléments*, on pourra consulter sur ce point l'ouvrage de **Vaschy** (*Traité d'électricité et de magnétisme*). On peut présumer de suite que la loi d'Ampère relative à l'action entre les éléments de courants n'est pas la seule qui ait été présentée. Weber, en effet, a établi une formule définissant l'action entre deux éléments infiniment petits de courant, on consultera avec utilité l'ouvrage, *Électricité et optique*, de M. H. Poincaré.

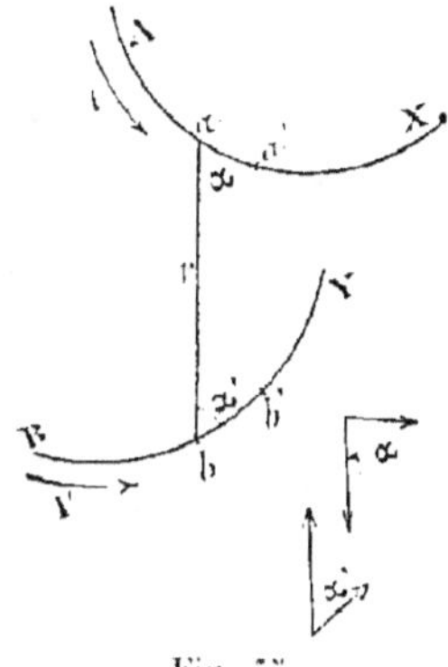

Fig. 75.

A titre historique, nous allons reproduire ici la relation d'Ampère sous les deux formes qu'on lui donne habituellement (fig. 75.

Soient :

AX et BY, deux parties de courants électriques ;
$aa' = ds$, $bb' = ds'$, deux éléments de courant ;
r, la distance ab ;
θ, l'angle des deux plans $a'ab$ et $b'ba$;
$\alpha =$ angle $a'ab$, $\alpha' =$ angle abb' ;
I et I', les intensités des courants sur AX et BY ;
ε, l'angle de aa' avec bb'.

1re forme :
$$d^2F = \frac{I.I'.ds.ds'}{r^2}(2\cos\varepsilon + 3\cos\alpha.\cos\alpha')$$

2e forme :
$$d^2F = \frac{II'.ds.ds'}{r^2}(\cos\alpha.\cos\alpha' + 2\sin\alpha.\sin\alpha'.\cos\theta).$$

En réalité, ces expressions sont données comme conséquences de la loi de Laplace (voir Vaschy, ouvrage précité) et les unités choisies sont les unités électromagnétiques. Les relations qu'Ampère avait données s'obtiendraient facilement en multipliant par $\frac{1}{2}$ chacun des seconds membres de ces formules ; les formules primitives d'Ampère étaient, en effet, exprimées dans le système d'unités électro-dynamiques qui n'est plus usité maintenant.

Action d'un courant circulaire en un point de l'axe. — Le

potentiel en un point P (fig. 76) de l'axe du courant I circulaire est
donné par la formule déjà trouvée (p. 67) :

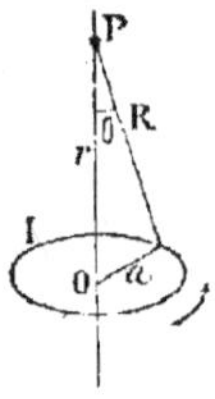

$$\Omega = \mathrm{I}.\varphi = 2\pi\mathrm{I}(1 - \cos\theta) = 2\pi\mathrm{I}\left(1 - \frac{r}{\sqrt{r^2 + a^2}}\right).$$

Le champ est évidemment dans la direction de l'axe
(par raison de symétrie), et ainsi, en appelant S l'aire du
cercle :

$$\mathcal{H} = -\frac{d\Omega}{dr} = 2\pi\mathrm{I}\frac{a^2}{(a^2 + r^2)^{\frac{3}{2}}} = \frac{2\mathrm{SI}}{\mathrm{R}^3}.$$

Fig. 76.

Au point O, on a :

$$\mathcal{H}_0 = \frac{2\pi a^2 \mathrm{I}}{a^3} = \frac{2\pi\mathrm{I}}{a}.$$

Exemple. — Prenons $a = 15$ centimètres, et $\mathrm{I} = 17$ ampères
ou 1,7 unités C.G.S. d'intensité, nous trouverons pour la valeur
du champ en un point de l'axe situé à 10 centimètres du centre O :

$$\mathcal{H} = \frac{2.\pi.225.1,7}{(225 + 100)^{\frac{3}{2}}} = 0,41 \text{ gauss.}$$

Au centre O, le flux serait de :

$$\mathcal{H}_0 = \frac{2\pi}{15} \times 1,7 = \frac{6,2832}{15} \times 1,7 = 0,714 \text{ gauss.}$$

**Constantes magnétiques d'un solénoïde. — Flux produit par
une bobine droite à section circulaire. —** Considérons (fig. 77) une
longue bobine formée de spires égales également réparties sur un
cylindre droit AB, A'B', A"B"... A"B"..., soit ε la *faible distance commune* entre deux spires consécutives. Supposons ce cylindre droit placé
dans un milieu homogène, l'air par exemple, de plus, supposons un courant I circulant dans chaque spire. Si S est la surface d'une spire, N_1 le
nombre de spires par unité de longueur, on aura $\varepsilon = \frac{1}{\mathrm{N}_1}$. Le solénoïde produira un effet très sensiblement le même qu'un ensemble
de circuits plans de surface S situés à une distance ε. Chacun de ces
circuits pourra être remplacé par un feuillet Σ de même contour et
d'épaisseur ε, dont la puissance $\mathcal{P}$ sera égale à I ; comme, de plus,
$\mathcal{P} = \varepsilon.\mathcal{J}$, on conclura que le feuillet $\mathcal{P}$, équivalant au courant élec-

trique, sera recouvert sur sa face positive d'une masse égale à $+ S\mathfrak{I}$ et sur sa face négative d'une masse $- S\mathfrak{I}$. Le solénoïde complet jouera donc le rôle d'un aimant ayant comme masses terminales : $+ S\mathfrak{I}$ au pôle positif, et au pôle négatif : $(- S\mathfrak{I})$; on voit, en effet, que les feuillets

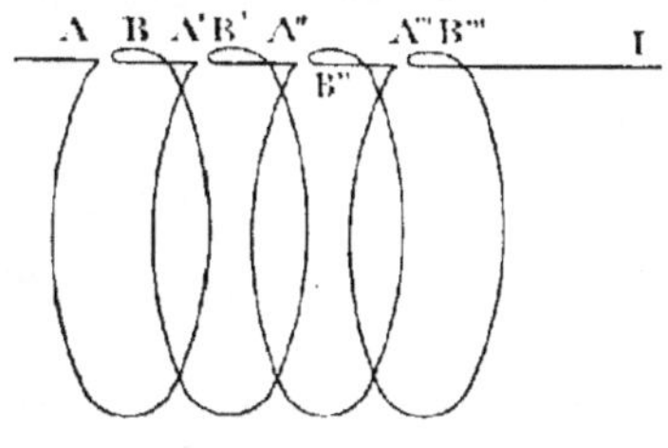

Fig. 77.

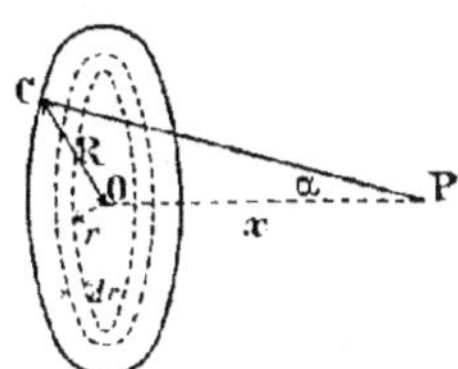

Fig. 78.

intermédiaires se touchent, deux à deux, par leurs faces de noms contraires, les actions des feuillets intermédiaires s'entre-détruisent donc naturellement.

Ceci posé, soit un disque circulaire (fig. 78) recouvert d'une couche de magnétisme de densité superficielle $\mathfrak{I}$, $\mathfrak{I}$ comprenant son signe ; un anneau de cette couche de rayon r et d'épaisseur dr a ainsi une charge : $2\pi r.dr.\mathfrak{I}$.

Le potentiel de cet anneau, en un point P de l'axe du disque et à une distance $OP = x$, sera évidemment :

$$dV = \frac{2\pi r.dr.\mathfrak{I}}{\sqrt{r^2 + x^2}}.$$

Le potentiel dû au disque entier est donc :

$$V = 2\pi\mathfrak{I} \int_0^R \frac{r.dr}{\sqrt{r^2 + x^2}} = 2\pi\mathfrak{I}\left[\sqrt{R^2 + x^2} - x\right].$$

L'intensité du champ dû à cette couche de magnétisme est :

$$\mathcal{H} = -\frac{dV}{dx} = -2\pi\mathfrak{I}\left[\frac{x}{\sqrt{R^2 + a^2}} - 1\right] = 2\pi.\mathfrak{I}\,(1 - \cos\alpha),$$

α étant l'angle CPO.

Or, si, de P comme centre, on décrit une sphère passant par le contour du disque, l'aire de la zone vue de P et limitée par le contour du disque est :

$$S = 2\pi\sqrt{R^2 + x^2}\left[\sqrt{R^2 + x^2} - x\right] - 2\pi\left[1 - \frac{x}{\sqrt{R^2 + x^2}}\right](R^2 + x^2) = 2\pi\,(1 - \cos\alpha)(R^2 + x^2),$$

par conséquent, l'angle solide ω, sous lequel on voit de P le disque, a ainsi pour valeur :

$$\omega = \frac{S}{R^2 + x^2} = 2\pi\,(1 - \cos z)$$

et finalement on déduit :

$$\mathcal{H} = \mathcal{I}.\omega.$$

D'après la manière même de calculer ce vecteur, sa direction positive devra être évaluée de O vers P, l'angle ω est toujours positif et le signe de $\mathcal{H}$ est celui que lui donnera $\mathcal{I}$.

Ceci posé, prenons une longue bobine (fig. 79), le champ magnétique $\mathcal{H}_1$ au point extérieur P, c'est-à-dire le flux par unité de surface, sera :

$$\mathcal{I}\,(\omega - \omega') \quad \text{et} \quad \mathcal{H}_1 = \frac{1}{\varepsilon}\,(\omega - \omega') = N_1 I\,(\omega - \omega').$$

N_1 *étant toujours le nombre de spires par unité de longueur* du cylindre.

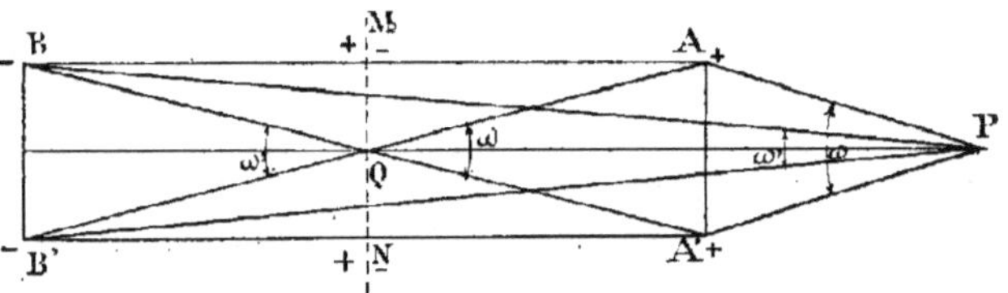

Fig. 79.

Si P se trouve placé sur la face positive AA' de l'aimant, le flux par unité de surface sera :

$$\mathcal{H}_2 = \mathcal{I}.(2\pi - \omega') = N_1.I(2\pi - \omega').$$

Lorsque P se trouve placé sur l'autre face négative BB', on aura :

$$\mathcal{H}_3 = \mathcal{I}\,(4\pi - \omega' - 2\pi) = N_1.I.(2\pi - \omega').$$

Quand le point P est à l'intérieur, en Q, il est sur la face positive d'une bobine BB'MN et sur la face négative d'une bobine MAA'N, le champ en ce point est donc :

$$\mathcal{H}_4 = N_1 I [2\pi - \omega' + 2\pi - \omega],$$

ou,

$$\mathcal{H}_4 = N_1.I \,[\, 4\pi - \omega - \omega' \,].$$

Lorsque la bobine est très longue et que le point Q reste dans la partie médiane, $\omega + \omega'$ est infiniment petit et *négligeable*. Ainsi, dans l'intérieur d'une longue bobine à distance *notable* des extrémités, on a d'une façon constante :

$$\mathcal{H}_4 = 4.\pi.N_1.I.$$

Quand Q se rapproche des extrémités de la bobine, $\mathcal{H}$ diminue; par conséquent, une partie du flux s'échappe des extrémités. On dit que le solénoïde a des fuites magnétiques aux extrémités.

Autres manières de calculer le flux produit par une bobine droite à section circulaire. — Nous avons calculé l'action d'un courant circulaire I sur un point P de l'axe de ce courant, nous avons déjà trouvé (p. 100) :

$$\mathcal{H} = \frac{2.S.I}{R^3} \quad \text{ou encore} \quad \mathcal{H} = \frac{2SI}{(a^2 + r^2)^{\frac{3}{2}}}.$$

dans cette formule, S est la section du circuit, a, le rayon et r, la distance de P à la face du circuit. Nous allons reprendre maintenant le calcul précédent un peu différemment.

Si P est au milieu d'une bobine circulaire droite de rayon a et

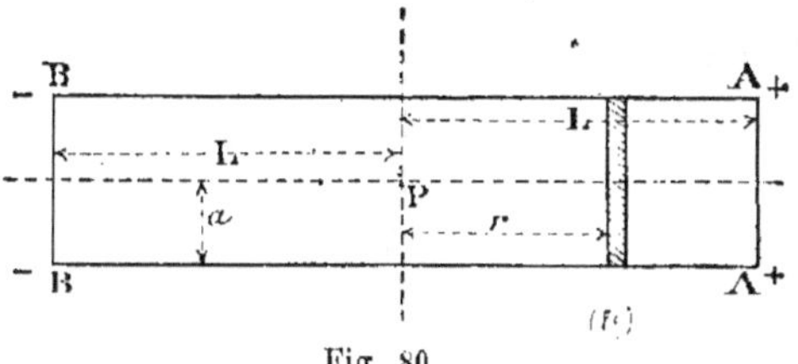

Fig. 80.

de longueur 2 L (fig. 80), le champ total de la bobine en P sera la somme arithmétique des actions concordantes de la demi-bobine de droite et de la demi-bobine de gauche, on aura donc en ne calculant que le champ $\frac{\mathcal{H}}{2}$ relatif à une seule demi-bobine :

$$\frac{\mathcal{H}}{2} = 2\pi I \sum \left[\frac{a^2}{(a^2 + \varepsilon^2)^{\frac{3}{2}}} + \frac{a^2}{(a^2 + 4\varepsilon^2)^{\frac{3}{2}}} + \dots + \frac{a^2}{(a^2 + p^2\varepsilon^2)^{\frac{3}{2}}} + \dots \right].$$

ou, en posant :

$$N_1 = \frac{1}{\varepsilon} \quad \text{avec} \quad \varepsilon = dx,$$

$$\frac{\mathcal{H}}{2} = 2\pi.N_1.I \int_0^L \frac{a^2 dx}{(a^2 + x^2)^{\frac{3}{2}}}.$$

On résoudra facilement cette intégrale en posant $x = a . \operatorname{tg} \varphi$: on en conclut :

$$\frac{\mathcal{H}}{2} = 2\pi N_1 I \int_0^{\varphi_1} \cos \varphi . \, d\varphi = 2 \pi N_1 I \sin \varphi_1.$$

Lorsque la limite L est très grande par rapport à a, φ_1 différera très peu de $\frac{\pi}{2}$, car $L = a \operatorname{tg}\varphi$, on a donc :

$$\mathcal{H} = 4\pi N_1 I (1 - \eta).$$

L'erreur relative commise en prenant pour $\mathcal{H}$ la valeur :

$$\mathcal{H} = 4\pi N_1 I$$

est ainsi :

$$e = \frac{1 - \sin \varphi_1}{\sin \varphi_1},$$

or :

$$\sin \varphi_1 = \frac{L}{\sqrt{L^2 + a^2}},$$

et, par suite :

$$e = \sqrt{1 + \left(\frac{a}{L}\right)^2} - 1 ;$$

en développant, nous aurons :

$$e = \frac{1}{2} \left(\frac{a}{L}\right)^2 - \frac{1}{8} \left(\frac{a}{L}\right)^4 + \frac{1}{16} \left(\frac{a}{L}\right)^6 - \dots$$

Ainsi, dès que la demi-longueur de la bobine est égale seulement à dix fois le rayon du solénoïde, on a pour limite supérieure de l'erreur e :

$$0 < e < \frac{1}{200}.$$

Dans les mêmes hypothèses, en prenant donc pour $\mathcal{H}$ la valeur :

$$\mathcal{H} = 4\pi N_1 I \left(1 - \frac{1}{200}\right),$$

l'erreur relative sera inférieure à $\frac{1}{80.000}$.

2e *démonstration*. — Considérons un solénoïde affectant la forme d'un tore, nous supposons de plus que cette bobine soit noyée dans un mêmemilieu, *intérieurement* et *extérieurement;* soit $\mathcal{H}$ l'intensité du champ magnétique créé à l'intérieur de cette bobine au point M situé à une distance ρ de l'axe du tore. Plaçons en M l'unité de pôle magnétique, soit N_1 le nombre de spires régulièrement rangées *par unité de longueur de la circonférence de rayon* ρ, le nombre total des spires du solénoïde sera égal à $2\pi\rho N_1$. Faisons parcourir au pôle M, à l'intérieur du solénoïde, la circonférence de centre ρ; manifestement, à cause de la symétrie, $\mathcal{H}$ aura, en tous les points du parcours, la même valeur ; le travail produit *dans le tour* par le pôle sera donc de $2\pi\rho . \mathcal{H}$. Or, le pôle, en décrivant un tour complet autour de *chaque spire* du tore, a produit un travail total égal à :

$$4\pi I \times (2\pi\rho N_1).$$

Nous avons donc :

$$4\pi I \times 2\pi\rho N_1 = 2\pi\rho \mathcal{H} \quad \text{ou} \quad \mathcal{H} = 4\pi N_1 I.$$

L'intensité du champ magnétique en un point M, *absolument quelconque* à l'intérieur du solénoïde-tore, est donc *constante* et égale à $4\pi N_1 I$; on verrait par un raisonnement du même genre que $\mathcal{H}$ à l'extérieur du tore est nul. Quand le rayon du tore augmentera, cette conséquence sera encore vérifiée; et, à la limite, elle sera encore exacte pour une bobine cylindrique droite d'une grande longueur par rapport à son rayon.

Le flux dans une telle bobine (en un point éloigné des extrémités de la bobine) sera $4\pi I N_1 S$, en appelant S la section droite de la bobine. Le flux se propage de la face négative à la face positive de la bobine en restant sensiblement constant à l'intérieur.

Exemples. — 1° Soit une bobine non magnétique longue de 30 centimètres, formée de 250 spires traversées par un courant de 70 ampères, la section intérieure étant de 4 centimètres carrés, on demande la valeur du champ dans la partie médiane de la bobine, et la valeur du flux :

$$\mathcal{H} = 4\pi \times \frac{250}{30} \times 70 \times 10^{-1} = 735 \text{ gauss.}$$

Le flux sera donc de :

$$\Phi = 735 \times 4 = 2.940 \text{ maxwells.}$$

2° On a une bobine enroulée, sur un tore non magnétique de 15 centimètres de rayon moyen, le rayon de la circonférence méridienne est 2 centimètres, elle comprend 600 tours, l'intensité du courant est de 24 ampères; on demande la valeur du champ et la valeur du flux à l'intérieur du tore.

Le champ sera :

$$\mathcal{H} = 4\pi \times \frac{600}{2\pi \times 15} \times 24 \times 10^{-1} = 192 \text{ gauss.}$$

Le flux sera :

$$\Phi = 192 \times \pi \times 2^2 \approx 2.400 \text{ maxwells.}$$

Expérience de Biot et Savart. — Biot et Savart étaient parvenus à démontrer *expérimentalement* que les lignes de force d'un courant rectiligne indéfini étaient des circonférences concentriques au fil. D'après les résultats obtenus par ces savants, Laplace énonça la fameuse loi qui porte son nom et dont nous nous sommes occupés quelques pages plus haut.

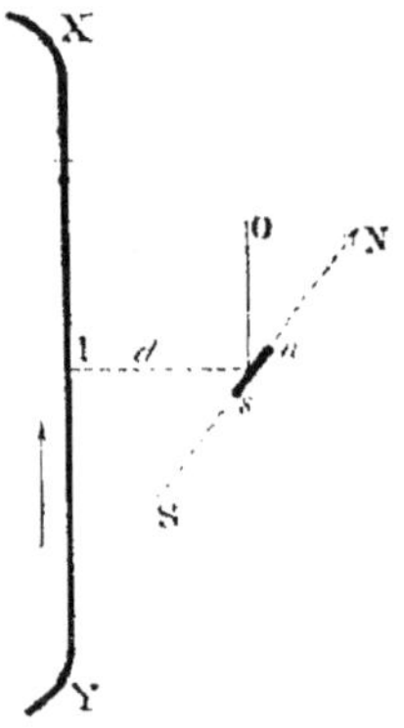

L'expérience consiste à comparer les actions exercées sur une petite aiguille horizontale aimantée N-S par un courant vertical indéfini XY (fig. 81) et par la terre. L'aiguille est telle que son axe de suspension vertical détermine avec XY un plan vertical normal au plan du méridien magnétique.

L'aiguille étant très petite par rapport à sa distance au courant, on pourra la considérer comme soumise à l'action d'un champ uni-

Fig. 81.

forme s'ajoutant, ou se retranchant, suivant les positions relatives du courant et de la ligne N-S magnétique. En équilibre, l'aiguille garde donc la direction N-S, mais, si on lui imprime une impulsion, elle prend un mouvement pendulaire. Si $\mathcal{H}$ est le champ et η l'action du courant sur l'aiguille, on aura pour la durée de l'oscillation simple :

$$T = \pi \sqrt{\frac{K}{\mathcal{M}(\mathcal{H} + \eta)}},$$

où K est le moment d'inertie de la petite aiguille, $\mathcal{M}$ son moment magnétique.

Ceci posé, faisons les trois séries d'opérations suivantes :

1° Oscillation de l'aimant, le courant ne passant pas dans le fil, soit n le nombre d'oscillations par seconde ;

2° Oscillation du petit aimant, le courant I parcourt le fil, le petit aimant est à la distance d du fil, soit p le nombre d'oscillations par seconde et η l'action due au courant I ;

3° Oscillation du petit aimant, le courant I parcourt le fil, le petit aimant est à la distance d' du fil, soit p' le nombre d'oscillation par seconde et η' l'action due au courant I.

En remarquant que le produit du nombre d'oscillations à la seconde d'un pendule par la durée d'une oscillation est égal à l'unité, on tirera immédiatement les relations suivantes, après avoir posé :

$$\frac{1}{\pi^2}\frac{\mathfrak{M}}{K} = C,$$

$$\begin{cases} n^2 = C\mathcal{H}, \\ p^2 = C(\mathcal{H} + \eta), \\ p'^2 = C(\mathcal{H} + \eta'), \end{cases}$$

et, par suite :

$$\frac{p^2 - n^2}{p'^2 - n^2} = \frac{\eta}{\eta'}.$$

or, l'expérience *permet de constater* que .

$$\frac{d'}{d} = \frac{p^2 - n^2}{p'^2 - n^2}, \quad \text{d'où} \quad d'.\eta' = d.\eta,$$

c'est-à-dire que *l'action du courant indéfini sur un pôle varie en raison inverse de la distance;* comme cette action est nécessairement proportionnelle à I, on a :

$$\eta = k\frac{I}{d}.$$

L'expérience a montré que, pour donner à la formule de **Laplace** sa forme la plus simple, il fallait faire $k = 2$, et ainsi :

$$\eta = 2\frac{I}{d}.$$

Ce résultat a permis, avons-nous dit, à Laplace de formuler une loi sur laquelle l'électromagnétisme fut édifié. Nous allons démontrer que le théorème établi, page 67, sur la valeur du potentiel d'un courant va nous permettre de prévoir immédiatement le résultat exprimé par l'expérience de Biot et Savart.

Considérons (fig. 82) un cadre rectangulaire parcouru par le courant I, ce cadre est composé d'un côté infiniment *long* XY, de deux côtés parallèles *très éloignés* XZ' et YZ, enfin, d'un côté ZZ' infiniment *écarté*. Soit un point P, tel que sa perpendiculaire sur le plan du cadre tombe sur un point U du courant XY ; le potentiel en P est :

$$\Omega = \pi.\mathrm{I}.$$

il est, en effet, facile de voir que l'angle solide est égal à un fuseau d'angle rectiligne égal à $\dfrac{\pi}{2}$.

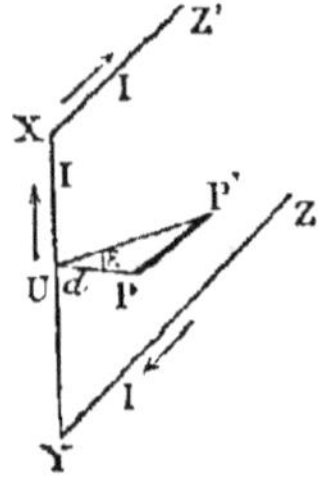

Si on déplace P, soit sur la direction UP, soit parallèlement à XY, on voit facilement que $d\Omega = 0$, ceci exige que le champ ait la direction de PP' parallèle au plan du cadre et normale à XY ; calculons ce champ en évaluant le potentiel Ω' en P' ; on voit facilement que si l'angle PUP' est égal à ε :

$$\Omega' = (\pi + 2\varepsilon)\mathrm{I} \text{ et } d\Omega = 2.\varepsilon.\mathrm{I}.$$

de sorte que :

$$\mathcal{H} = \frac{2.\varepsilon.\mathrm{I}}{\mathrm{PP'}} = \frac{2.\varepsilon.\mathrm{I}}{d.\mathrm{tg}\,\varepsilon} = \frac{2.\mathrm{I}}{d} \times \frac{\varepsilon}{\mathrm{tg}\,\varepsilon},$$

or, lorsque P' tend vers P, limite $\dfrac{\varepsilon}{\mathrm{tg}\,\varepsilon}$ = 1, donc nous avons bien :

$$\frac{2.\mathrm{I}}{d}.$$

TABLE DES MATIÈRES

Pages.

CHAPITRE IV

Phénomènes généraux d'électromagnétisme.

CHAPITRE V

Le courant électrique dans ses rapports avec le champ magnétique.

CHAPITRE VI

Le courant et le champ magnétique (suite).